信用货币理论原理

新探索研究

阿铭 著

中国财富出版社有限公司

图书在版编目（CIP）数据

信用货币理论原理：新探索研究 / 阿铭著.—北京：中国财富出版社有限公司，2023.3
ISBN 978-7-5047-7910-6

Ⅰ.①信⋯　Ⅱ.①阿⋯　Ⅲ.①国际货币制度—研究　Ⅳ.① F821.1

中国国家版本馆 CIP 数据核字（2023）第 048375 号

策划编辑	郑晓雯	责任编辑	张红燕　张　静	版权编辑	李　洋
责任印制	梁　凡	责任校对	卓闪闪	责任发行	董　倩

出版发行	中国财富出版社有限公司		
社　　址	北京市丰台区南四环西路 188 号 5 区 20 楼	邮政编码	100070
电　　话	010-52227588 转 2098（发行部）　010-52227588 转 321（总编室）010-52227566（24 小时读者服务）　010-52227588 转 305（质检部）		
网　　址	www.cfpress.com.cn	排　　版	宝蕾元
经　　销	新华书店	印　　刷	宝蕾元仁浩（天津）印刷有限公司
书　　号	ISBN 978-7-5047-7910-6/F・3546		
开　　本	880mm×1230mm　1/32	版　　次	2023 年 6 月第 1 版
印　　张	6	印　　次	2023 年 6 月第 1 次印刷
字　　数	106 千字	定　　价	49.80 元

版权所有・侵权必究・印装差错・负责调换

目 录

第一章 为什么现有的国际货币制度需要改变 …… 001

    第一节 当前国际货币的运行模式 …………… 003

    第二节 以中国香港地区经济为例的

              货币经济公式应用分析 …………… 005

    第三节 美国对当前国际货币制度的利用 ………… 009

    第四节 为什么现有的国际货币制度需要改变 …… 017

第二章 货币区 ………………………………… 021

    第一节 货币区的基本概念和分类 ……………… 023

    第二节 境内货币区、本币货币区、外币货币区、

              本外币货币区的特点和关系 ………… 025

    第三节 本外币货币区中央银行的职责 ………… 037

    第四节 外汇和外汇储备 ………………………… 043

    第五节 货币博弈 ………………………………… 046

第三章　国际货币及其制度 049

第一节　经济全球化 051

第二节　国家货币与国际货币 055

第三节　国际货币的种类 064

第四节　地区货币一体化 067

第五节　当前国际货币制度面临的主要问题和改革方向 072

第六节　国际货币制度内容 075

第四章　货币的国际定价机制和汇率 081

第一节　法定信用货币的价值锚 083

第二节　货币的国际价值和国际价格 086

第三节　货币国际定价模型 089

第四节　货币的国际定价方式 093

第五节　汇率的性质和特点 106

第六节　汇率制度的种类和特点 109

第五章　国际收支及其平衡 119

第一节　国际收支概述 121

第二节　国际收支平衡 123

第三节　国际收支结余 126

第四节　不同货币制度下的国际收支机制 …………… 128

第六章　国际货币制度设计及其未来 …………………… 133
　第一节　国家货币作为国际货币的制度设计 ……… 135
　第二节　国际法定超主权信用货币的设计 ………… 139
　第三节　国际收支平衡模式的国际货币制度设计 … 144
　第四节　各种货币制度都需要遵循的货币供应和
　　　　　货币价值调节方式 ………………………… 146
　第五节　未来的货币制度 …………………………… 148

第七章　对黄金引入法定信用货币制度的探讨 …… 155
　第一节　黄金货币史简介 …………………………… 157
　第二节　法定信用货币制度引入黄金的
　　　　　可行性分析 ………………………………… 159
　第三节　将黄金引入法定信用货币制度的
　　　　　理论原理 …………………………………… 169
　第四节　法定信用货币制度引入黄金的
　　　　　制度安排和设计 …………………………… 171
　第五节　黄金交易分析 ……………………………… 182

第一章 为什么现有的国际货币制度需要改变

第一节　当前国际货币的运行模式

当前的国际货币制度是以国家货币作为国际货币应用于国际经济活动，国家货币兼具国际货币，承担并行使国际货币职能。

在这种制度下，国际经贸活动使用特定国家的货币作为国际货币，使用该货币的国际交易支付结算系统进行国际货币的汇兑、交易、支付、结算、清偿等活动。国际经贸价格以该国货币的价值作为计价标准，各国使用该国货币作为国际交易的价值储备。美元是当前最主要的国际货币，大部分的国际交易支付都采用美元计价，都采用美元作为国际性劳动价值剩余的储备。国际价格参照美元定价的现实要求大型投资者必须紧盯美联储的一言一行，因此，美国的货币政策不仅影响美国经济，还影响全球经济。

国家货币兼具国际货币职能的方式必然会造成本国利益和他国利益冲突的矛盾，必然会导致国内市场和国际市场在发展水平、经济周期阶段、经济结构等方面的错位问题，必然会导致国家货币和国际货币在货币供应、货币价值、货币功能使用、货币政策等方面的错位问题。如果国家货币利用其具备的国际货币地位牟取私利，那造成的问题就会更严重。

具体来说,在货币价值方面,当国家货币因为超发导致货币贬值和国内通胀时,由于国家货币同时兼具国际货币职能,可以通过货币输出将国内难以承接的货币转移到国外,从而实现既能超发货币又能抑制国内通胀的目的。货币超发且流向境外很容易导致货币贬值,削弱该货币的国际价值储备功能。因此,利用货币汇率相互博弈的特点,通过制造危机和动乱打击他国货币,采取避险方式维持货币强势就可以解决货币超发导致的货币贬值问题。

在货币供应方面,任何国家的货币供应能力都与本国的需求和经济实力息息相关。过度举债供应货币,不仅会危害货币购买力,还会摊薄单位货币价值,造成资金流出,汇率承压。但是,对于兼具国际货币身份的国家货币而言,来自海外的货币需求能够提供巨大的购买力支持举债规模达到很高的程度而不影响货币价值。通过货币总价值公式可以计算出在不影响单位货币价值的前提下的举债规模上限。来自海外的货币需求等同于海外对外汇储备的需求,只要这部分储备货币不回流,就不会对单位货币价值造成影响,可以让国际货币提供国放心地扩张债务。随着国际经贸的发展,国际储备需求越来越大,参与国际经贸活动的国家越来越多,提供的债务融资规模越来越大。

国际货币提供国只要举债规模低于本国货币需求规模，就可以对本国货币需求和外国货币需求进行自主调节，且不会对单位货币价值造成大的影响。美国一直是这样操作的，国际社会一直在使用美元这样的国际货币，国际经贸活动一直运行在这种畸形国际货币制度建构的经济模式下。

第二节　以中国香港地区经济为例的货币经济公式应用分析

在分析国际货币涉及的诸般问题之前，有必要了解货币和经济的关系，通过下列公式能更好地认清货币和经济之间的相互影响，由此理解国际货币制度的重要性。

货币总价值=单位货币价值×（价值货币供应总量+债务货币供应总量）

流通货币总价值×周转次数=品种n×数量n×价格n

流通货币总价值×周转次数=经济单位1+经济单位2+经济单位n

这3个公式的左右事项是相互影响的关系。从货币的角度看待经济时，经济问题就变成如何通过货币供应量和单位货币价值调控经济。从经济的角度看待货币金融时，货币金融问题就变成经济运行如何建构货币体系的流动和状态。两者是同一体的不同方面而已。

公式中的 n 可以是一个数,也可以是一个数列,还可以是一个方程或者一个模型。每个公式的使用者都可以根据自己的现实情况构建自己的 n。

当品种以消费品为主时,商品被消费后失去价值,货币流通转移,此时的货币是计价和支付工具。通过联系汇率制度投放的港币不断增加,因此会呈现物价不断上涨的现象。消费品价值被消费掉的同时,货币价值从需求端转移到供给端,在港币供应总量持续增长的局面下,供给端货币价值增长推动工资薪酬不断上涨,供需价格水涨船高。中国香港地区的日常生产生活就是这样由货币需求引导的经济活动。

当品种是资产时,由于资产具备保值增值功能,所以资产增值是增加货币供应和将债务货币转换为价值货币的关键。香港的经济发展正是由股票和地产增值冲抵债务增发货币推动的。这种方式也是内地经济发展的主要方式,是法定信用货币特有的助推经济发展的方式。香港的地产和房屋不断涨价,由此吸引大量从业人员增加社会就业的同时,地产和房屋升值也为香港创造出巨大的财富。即使在地产和房屋供应数量不变的情况下,价格大幅上涨也能创造财富价值。在地产和房屋供应数量不断增长的情况下，财富价值更会出现暴涨的情况。日本东京的资产价值曾经能买下整个美国也是这个原因。

当品种是债券时，由于债券的收益相对固定，所以主要是数量增减的空间很大。美国以债务方式供应货币，虽然缺乏涨价空间，但能吸纳巨大的货币流动性满足举债需求，各国的外汇储备能够投资美国就是这个原因。以欧元作为投资标的的国家很少是因为欧元区没有大幅举债，欧元作为外汇储备不划算也是这个原因。

当品种是股票时，情况就和品种是地产时有异曲同工之妙。但股票可以做空，其投机性更大。

地产、房屋、股票等资产涨价创造的财富，会通过日常需求和经济供应活动传导到社会的方方面面。地产和房屋为生产生活所必备，是生产生活的主要成本。地产、房屋涨价会带动店铺成本上升和零售商品价格上涨，同时住房成本上升也会带动人工成本普遍上涨。人们的收入普遍提高维持了社会对地产和房屋的需求，也为资产价格进一步上涨打下基础。地产、房屋、股票等资产涨价创造的财富通过经济活动带动所有商品涨价，因此香港呈现为高工资维持下的高物价，推动该过程得以实现的正是香港的地产行业。

从国家层面看，在美国，经济发动机是高科技行业，在中国则是多台发动机同时工作。

香港采用和美元联系的汇率制度。在美元持续流入的情况下，香港的货币供应持续增长，美元结余充足。在香港品种数量增长不多的情况下，这些增发的货币进入经济体流通，也是推动香港物价上涨的原因。

每个人，每个家庭，每家公司，每个组织，直至每个国家，都是独立的经济单位，都要通过一定的经营维持自身的生活。香港每增加一个人、一家公司，就可以增加一个经济单位，也就是本节第三个公式中的情况。增加的经济单位需要吸纳相应的货币，需要增加就业岗位，需要增加相应的供给。但是香港人口增加不多，每个人的日常消费也增加不多，新增的财富主要流入薪酬和资产，所以香港的物价不断上涨，薪酬不断增加，但每个人经营的品种和数量的增加并不多，因此香港的经济发展主要表现为通胀推动的长期增长。日本曾经也出现过这种情况。当物价和薪酬涨到降低社会整体竞争力的地步时，经济就开始走下坡路。

从本节第一个公式和第二个公式可以看出，经济走下坡路时，流通货币总价值流出境内或经营亏损或物价降低，这种流通货币总价值减少的情况在公式右边表现为对品种、数量、价格和经济单位的影响。由于工资很难降低,所以影响反映在经济单位减少、数量降低、品种减少等方面,也就是公司倒闭,经济单位缩减支出。最先减少的总是旅游度假等消费品种,然后是消费数量,最后是就业岗位等。当经济下降到一定程度,外来投资和本地需求能够支撑住品种、数量和价格时,经济开始触底反弹,直至走上增长之路。

中国的发展实践已经证明,只要建立起经济单位的竞争力,只要有潜在的需求和发展空间,增发的货币就会转变为经济单位的规模增长,转变为工资薪酬的增长,转变为投资消费数量和品种的增长,这些因素都会成功地吸纳货币供应,抵销债务,实现实质性的经济增长。

第三节 美国对当前国际货币制度的利用

一、当前国际货币制度下的美元

因为货币是公共产品,且具有封闭和垄断性质,社会的劳动价值剩余主要储存在货币中,所以货币制度需要建立在公开、公平、公正的基础上,需要对所有使用者和持有者一视同仁,需要无差别地保护使用者和持有者的权益。

不平等的货币权益，不公开、不公平、不公正的货币制度，就是允许一部分人合法抢劫他人财富。虽然美元是国际货币，但是美国的货币制度只服务于美国利益，并不会特意照顾离岸美元持有者和使用者的权益。实际上，离岸美元持有者没有自己的权益，海外美元相当于美国给外国打的借条，负债以留存在海外的形式表现，权益以留存在美国本土的形式表现。如果海外美元数量接近本土美元数量，就相当于美国的货币负债接近美国的货币权益，在不考虑美国的资产和实体经济价值的情况下，美元本身已经没有净值了。美国把自己的资本市场搞得很红火，大力吸引全球的投资，目的是把开出去的借条赋予兑换美国资产的机会，这样不仅可以使美元回流美国，大家也对持有美元具有信心，不太会在意美元本身的价值。但是这种无惧举债的模式运行到美国资产价格上涨过高无法持续时，就是美元紧缺之时。美元的紧缺或宽松通常由美联储主动调节，进而影响市场的运行方向。因此，改变现有的国际货币制度首先要改变美元和非美元之间的不平等、不公平地位，要在国际货币制度中建立对所有持有者和使用者的价值保障制度，只有这样才能带给国际货币的使用者和持有者以信心和信用。

二、美元的货币价值

法定信用货币是由银行发行供应的货币，这种货币的价值和供应数量都由发行银行掌控。货币的持有者和使用者仅仅具有货币的持有权和使用权，虽然也拥有货币的价值，但货币价值实际上由银行操控。银行超发货币导致通胀就可以窃取货币持有者的劳动价值。在法定信用货币是由银行发行的封闭垄断货币的前提下，货币使用者只能使用该货币，没有其他选择。在这种情况下，社会劳动价值剩余只能储存在该货币中，法定信用货币的价值产权相当于公共和共有产权，发行货币的银行真正控制货币价值和货币主权，货币持有人只具有货币的使用权。如果发行银行倒闭，这种货币就会随之丧失价值。所以法定信用货币不应由私人银行发行供应，且作为国际货币的法定信用货币必须提供担保以保障离岸货币持有者的权益。这也是国际货币制度需要改革的地方。美国在20世纪之前就经历过滥发货币导致银行大量倒闭的时期，所以才会发展出货币垄断来消除货币竞争，并建立起封闭的内循环货币流通体系，实施美联储统一发行、供应、管理的美元体系。这样的制度安排确实提高了货币的信用度，但美联储是私人性质的商业银行，如果有一天美元债务资不抵债，这些发行美元的商业银行还会继续维持美元吗？全世界都使用美元，都将自己的劳动所得和劳动积蓄托付给美元，美元不提供担保行吗？美元随意扩大债务行吗？所以国际货币制度要对国际货币提出资质要求和经营治理要求，这是维护全球投资人财富的基本要求，也是维护全球经济安全的基本要求。

三、美元的货币功能和国际地位

货币的主要功能包括交易支付功能、计价功能、价值储备功能。

美国控制国际市场的定价权就是对货币计价功能的利用。国际大宗商品的价格基于美元定价，所以美元的波动能直接影响商品价格的波动和对商品的需求。实际需求为商品价格提供基数水平和供需趋势，美元为商品价格提供金融属性振幅和趋势。所以只有美国才能诞生所谓的投机天才，也只有得到美联储的"授意"，投机资金才敢攻击其他国家的货币；否则，美联储的随便一句话都能让巨额投机资金灰飞烟灭。期货市场、掉期市场虽然是金融市场，但也都是美国用来收割财富的屠宰场。这也是为什么中国对大宗商品的实际需求很大，但仍然拿不到定价权的原因。

美元的交易结算汇兑支付渠道掌握在美国人的手中，所以当美国要制裁俄罗斯时，美国就能把卢布排除在美元体系之外，俄罗斯就无法在国际市场使用卢布进行交易支付。这显然不是国际货币应该有的样子。国际货币必须处于中立立场，不能成为任何国家牟取私利的工具，更不能作为武器伤害其他国家的合法权利。美元能够冲击其他国家的经济，主要原因是这些国家使用美元作为外汇储备。由于本国货币不能在国际市场上自由流通，本币需要兑换成国际货币才能用于国际经贸活动，所以外汇储备不足时等同于没钱了。对于那些没钱用于国际支付但又有国际需求的国家，只能将本币贬值贱卖来换取外汇，再进行国际贸易支付。不论经济体量大还是小，只要外汇储备不足以应付进口对外汇的需求，就会对本币汇率造成贬值压力，因此外汇储备和本国货币之间是相互博弈的关系。之所以美国总爱在他国制造矛盾，是因为这样有利于美元坚挺。

美元的国际地位是由美元作为国际交易结算支付汇兑工具、计价工具、价值储备工具的功能奠定的。这种功能如果由其他货币承担，其他货币也会具备国际货币地位。国际货币不是平白无故产生的，而是有其成立的基本条件。国际货币是全世界人民的货币，不是任一国家的货币。国际货币承担着全世界的国际交易支付、国际交易计价、财富价值储备的职能，国际货币承担的这些职能必须在国际货币制度中体现出来。如果一个国家的货币不能承担这些职能，就不具备成为国际货币的资格。任何人都具有使用货币的权利，即使是小偷强盗，也不能剥夺其使用货币进行交易支付的权利。货币是中性的，一旦与政治挂钩就丧失其货币的本性。美国利用美元具有的国际货币地位，禁止其他国家使用美元的做法破坏了国际货币的功能，因此美元不适合继续作为国际货币。

目前，世界的许多乱象主要是使用美元作为国际货币导致的，美国利用美元霸权为所欲为，不断对其他经济体实施经济制裁，制造危机，遏制其他国家发展。如果美元不是国际货币，这些事情可能就不会发生。所以，只有采用符合货币性质功能要求的国际货币才会给世界带来和平，因此应尽早在国际层面为国际货币制定标准。

四、美元的发行供应和美国的强势美元政策

美联储在法律意义上负责发行美元，但美联储作为私人性质的商业银行，美元的发行供应实际上由美联储的会员银行承担，因此美联储更像是负责这些银行的总账和总量的大掌柜，或者说美联储是经营商业银行的银行。商业银行是经营储户劳动价值剩余的银行。在这样的制度设计下，信用和债务都是货币，都必须纳入货币供应中实施监管。

法定信用货币是记录储户劳动价值剩余的凭证，从这个角度来看，与其说美联储发行美元，不如说商业银行出具美元凭证证明储户持有货币的价值。美元的价值是债务的基础。美国国内市场的美元是商业银行欠储户的债务凭证。国际市场的美元是借条。借条和债务凭证的区别在于借条的保障很低，债务凭证则可能涉及商业银行的资产。因此，美联储作为私人性质的商业银行，是否具备承担货币社会性和公共性的能力就成为很重要的问题。美国的债务上限形同虚设，尽管每次突破债务上限还装模作样地开会讨论。如果有一天美国的债务利息庞大到美国不想偿还外债支付利息的地步——实际上美国一直在朝着这个方向前进——美国的商业银行就将放弃美元，因为到那时美元已经不再是国家货币了。在这种情况下只能追究商业银行家的责任，因为是他们将美元经营成了这个样子。

美元严重超发，却没有出现高通胀，得益于海外投资者持有并储备美元，得益于美国的资本资产市场吸纳了大部分过剩流动性。美国股市长期上涨，债市收益稳定，这是因为进口逆差流出的美元以投资的方式回流美国，为美国持续举债、增加货币供应提供了坚实的需求基础。无节制地盲目扩张债务、增加货币供应的做法就是在制造劣币，为了让劣币模式可持续而设计的配套方式越有成效，就越会助长劣币持续扩张走上不归路。如果美元不是国际货币，早就因为价值缩水而被市场厌弃了。现在作为国际货币的美元还能够继续维持发展，这样的国际经济模式怎么会有好下场呢？

强势美元政策是美国的基本国策。只要有国家威胁到这个政策，美国就会不惜一切代价进行打击。德国、法国、日本、俄罗斯都遭受过这种待遇。中国也早已是美国觊觎良久的主要目标了。美国之所以把强势美元政策看得如此重要，是因为强势美元政策是美国可以继续推行其劣币模式的基础，一旦强势美元政策无法维系，美国的劣币模式就会寿终正寝。

高估美元能够让美国在全球销售的商品价值被高估，同时也能让美国进口的商品价值被低估，这就是为什么美国把低端产业转移到国外，专心发展高科技产业的原因。美国利用高估美元向国际市场提供庞大进口需求的同时，也满足了国内消费的低价福利。高估美元导致进口物价下跌，为美国市场提供了更多的价差和利润。若美元被低估，进口物价上涨就会提高美国的国内成本，降低企业利润，严重冲击美国经济。

美国企业在美元作为国际货币的背景下，不用考虑汇率波动和汇兑风险，不用考虑外汇储备的限制，不用考虑市场定价和交易等诸多因素，因此能够比其他国家的企业更具预期确定性和投资稳定性。一旦脱离这个背景，美国企业的国际竞争力将大幅下降，那时的美国企业才会和其他国家的企业同台竞争。强势美元政策通过高估美元的单位价值和购买力，在不断发行美债的同时，确保美元不贬值，能够低价从全球获取资源和商品，维持美国经济的发展。过度举债与汇率强势同在，是其他国家做不到的。美国凭借不平等的国际霸权变不可能为可能，才有了为美元量身定做的西方经济学。

第四节 为什么现有的国际货币制度需要改变

一、全球化发展的要求

实现全球化，首先要实现全球经济一体化。实现全球经济一体化，首先要建立符合全球经济一体化要求的国际货币制度。当前以国家货币兼具国际货币的制度设计已经被美元投机取利玩弄得信用逐步丧失了。只有建立公开、公平、公正、符合各国利益的国际货币制度才能够助推全球化发展。只有改变国际货币博弈国家货币的关系，才能创建出公开、公平、公正的国际市场环境，才能使各国积极主动地参与全球化的进程。

不同国家经济之间的交流，首先是商品和货币的交流。货币之间的结算、汇兑、交易、存储、计价、投资等相关需求，国际供需之间的交易必须在货币制度的强力保障下开展才能建构出促进全球化发展的环境。如果不能使所有使用者和持有者建立对国际货币的信心，不能建立国际货币的信用，国际经济活动的安全就难以得到保障。只要美国能够凭借其国际货币地位任意地制裁其他国家，全球化就始终是一句空话。美元和其他货币之间的天然博弈关系是全球化的拦路虎，在实现国际货币制度的公开、公平、公正之前，不可能实现真正的全球化。实现全球化首先要解决外汇储备对外汇储备国的绑架问题，要解决外汇流动对本币的冲击问题。国内外社会出现动荡就导致汇率大幅波动，甚至外汇储备和汇率成为攻击一国经济的武器，在这样的国际制度下又怎么发展全球化呢？

二、各国独立发展的要求

从国际层面来看，就像天赋人权，每个国家都有自己在国际社会中独立发展的天赋权利。只有这种权利在国际社会和国际制度中得到法定保障，国际社会才能实现安全、有序和高效，国际制度才能真正实现公开、公平、公正。如果一个国家在国际社会中的独立生存发展权利不能得到法定保障，这个国家就只能通过斗争争取独立生存发展的权利，此时的国际社会就难保和平。如果一个国家在国际社会中的独立生存发展权利不能在国际制度中得到体现，这样的国际制度就缺乏国际代表性，这样的国际社会就不是公认的、真正的国际社会。

国际社会由各个国家组成。国际社会要保证安全、有序、高效，就要建立有实施效力、公开、公平、公正的制度，每个社会成员都在权利平等的基础上，在制度的要求下从事各项社会活动。只有这样，才能在国际范围内保障各个国家的独立生存发展权利。国际制度只有建立在所有成员国共识的基础上，才能实现对各个国家独立生存发展权利的保障。在当前的国际货币制度中，虽然美元是美国的，但美元产生的问题是全世界的，因此这样的国际货币制度既不可能长久，也不可能稳定。

三、在全球范围实现和平的要求

美国为了维护美元的国际货币地位，为了提高美元的价值，基于美元和其他货币的对手博弈关系，通过打压其他货币价格的方式维护美元的强势地位，并树立美元是避险货币的形象，迫使世界各地富豪的资金流入美国，支撑美国的资产和消费市场。如果美元失去国际货币地位，世界上的很多国家和地区就会因此获得和平。资源型国家也不用长期面对反对武装的骚扰和攻击，可以将资源用于助力社会发展。很多国家会出现稳定和谐的外部环境。在全球范围实现和平首先要消除霸权，在全球范围实现经济发展首先要建立基于平等权利的制度。美国利用美元的国际货币地位，将其他国家的安全和发展看作生意来操纵，这样的国际货币制度必须被改变。

第二章
货币区

第一节　货币区的基本概念和分类

一、什么是货币区

法定信用货币的中央垄断发行供应模式及其主权性特点决定了以法定信用货币为基础建构的金融体系是基于主权垄断货币的独立的封闭区，每种法定信用货币都会建构出属于自己的货币金融体系，该货币金融体系是该货币拥有的封闭的、独立的势力范围。法定信用货币的独立的、封闭的势力范围就是该货币的货币区。例如，使用人民币的就是人民币货币区，使用美元的就是美元货币区。

许多国家的人都使用美元，因此美元货币区的范围不仅包括美国国内也包括其他使用美元的地区。所以货币区不是地理区域，而是拥有和使用该货币并受该货币影响的区域范围。货币区可以超越国家的领土范围，是为货币持有和使用构建的货币金融影响力区域。货币本身具备的主权性使得货币到达哪里，货币主权的影响力就到达哪里，货币区也就延伸到哪里，该货币的金融和经济影响力也就到达哪里。货币区是独立于地域范畴的货币经济主权，一个国家接受外国货币在本国使用，外国货币的经济主权就能够通过货币在本国施加影响力。全球各地的美元使用者所在的区域,都属于美元货币区的一部分。尽管美元持有者分布在不同的国家,但因为都持有美元,所以都受到美元定价、美元利率和货币政策的直接影响。美联储加息降息、美元流动性宽松紧张等都影响美元持有者和使用者。这就是美元加息能抽走其他国家资金的原因。

二、货币区的分类

(一)境内货币区

境内货币区特指领土内的货币区。境内货币区可以是由单一货币构成的货币区,此时的境内货币区就是本币货币区。境内货币区也可以是由多种货币构成的货币区,此时的境内货币区就是本外币货币区。外币货币区是指境内货币区中的外币货币区。需要明确的是,境内货币区不包括本币在境外构成的货币区。

(二)本币货币区

本币货币到达的区域就是本币货币区。由于本币可能被外国接受,因此本币货币区可能由境内本币货币区和境外本币货币区构成。根据持有境外本币的对象不同可以分为个人持有使用、企业持有使用、社会组织持有使用和国家持有使用等不同的种类。例如,在有些国家美元外汇主要由国家持有,私人不能自由保留外汇。

（三）外币货币区

外币货币区特指在境内货币区中由外币构成的货币区。在境内货币区中允许外币自由兑换或有限自由兑换，于是就在境内货币区中产生了外币货币区。

（四）本外币货币区

本外币货币区特指由本币和外币共同构成的货币区。对于某些国家而言，本币货币区由境内和境外两个部分构成，境内也允许外币流通，这些国家就是本外币货币区。

第二节　境内货币区、本币货币区、外币货币区、本外币货币区的特点和关系

一、就境内而言

就境内而言，不论境内完全由本币主导还是境内本来就是本外币货币区，国家都需要保持独立自主，只有这样才能保障国家和公民的权益。独立自主指政治、军事、外交、文化、经济等层面的独立自主。虽然法定信用货币的主权性和垄断性通过封闭性保障本国经济的独立自主，但如果一个国家在政治和军事等方面对其他国家依赖甚至依附，就会破坏封闭性对本国经济的保护。最典型的是日本、

韩国这样在政治、军事、外交层面都依附美国的国家，其本国经济必须服从美国经济的需求。日本在签订《广场协议》后主动让日元升值换来失去的四十年和韩国财团背后都有美国资本的影子就是这个原因。欧洲各国在政治、军事层面依附美国，也让全世界看到欧盟各国宁可让本国民众承受能源和粮食匮乏，也要支持美国挤压俄罗斯。在政治、军事和外交没有独立自主性的情况下，政府难以分清楚哪些才是真正的本国利益，国家和民众因此遭殃。我们要从中吸取教训，保持政治、军事、外交、文化和经济等层面的独立自主。

就境内而言，完全由本币主导的经济是封闭的，为了安全放弃发展是因噎废食的做法。在确保本国权益的前提下，适度、逐步开放经济，融入国际社会才是正确的选择。在这个开放的过程中，处理好国内经济安全和国际发展的关系在经济层面就表现为处理好本币和外币的关系。

允许外币在本国流通使用和储备时，境内货币区就成为由本币和外币共同构成的本外币货币区。本国经济不仅受本币影响，也受外币影响。本币和外币在各自的持有和使用路径中发挥各自的影响力。外币直接影响具体的持有者和使用者，不仅直接影响他们的经济行为，也可能影响他们的价值观和文化传统。例如，当本国居民发现本币可能相对于美元贬值时，可能就会把自己的本币储蓄转存为美元，尽管这种做法是在本国的银行中，而且是在自己的本币账户中发生的，但这种做法是在为美元融资。转存为美元的行为就是卖出本币买入美元，压低本币汇率的行为。在微观层面表现为为保值做出的规避风险行为，在宏观层面表现为对美国的投资。这些流入美国的美元最终用于支持美债。美联储操作货币的本质就是用美债资产调节货币供应，在确保美元强势的基础上，源源不断地吸引各国财富流向美国。不论这样的转存行为是被预期暗示造成的，还是被媒体和经济学家误导的，又或者是被形势所迫的，总之，当很多人在一定时期内一起行动时，本币贬值，国内资源在国际市场上的定价就会下降，这些是外币和本币发生作用时的通常表现。

几种货币在境内相互作用、相互影响的程度由该国的经济体量、经济发展水平、经济对外依赖程度、汇率利率及外汇储备等因素决定。有段时间，印度的外汇储备减少得很快，新闻炒作印度外汇不足以应付进口支付，因此印度本币汇率很长一段时间都处于贬值通道中。日本虽然领土面积不大，但GDP排名世界第三，和美国、中国以及欧洲国家都有庞大的经贸往来，日本经济因此具有结构优势，不会因为对单一市场过于依赖而受到冲击。但日本主要使用美元交易，因此日元汇率受美元的影响很大。如果日本将与主要贸易伙伴的交易改为使用贸易伙伴的货币进行交易，日元受美元的影响将会变小，日本经济受外部冲击的可能性也会随之降低。由此就可以理解，如果中国制定的法律要求和欧洲的贸易使用欧元支付，和美国的贸易使用美元支付，和日本的贸易使用日元或人民币进行支付，其他国家也制定同样的法律，那么产生的国际汇率将更有效、更准确，风险更分散，受美元主导的金融市场波动的影响也会更低。这也是在现有货币制度基础上改革现有国际货币制度最简便的方式。

有些国家不允许外币在本国流通储备，收入的外币必须兑换为本币才能使用，需要使用外汇时可提出申请购买。这样的境内货币区就是本币货币区。虽然对外汇实施严格管制对使用方造成不便，但对于经济体量小、外贸竞争力弱的国家而言不失为保护本国经济的好办法。普通储户因为不持有外币，所以不会受到外币的直接影响。本国经济由本币主导，市场价格由本币供应量和劳动生产率决定。国家集中持有外汇储备，虽然必须累积外汇储备用于国际支付，但只要能够管理经营好外汇储备，本国经济受到冲击的可能性就较低，远比放开外汇市场由私人持有并经营外汇更安全。

二、就本币货币区而言

本币货币区无论在境内还是境外都使用同一种货币。本币货币区的货币供应数量、单位货币价值、货币利率及货币政策都以国内经济为基础产生。所以即使本币货币区延伸到境外，该货币的货币价值也由国内因素决定。从这个角度我们就可以理解为什么有那么多人愿意持有并使用美元。因为美元相对于其他货币的保障性高且价值相对稳定。

如果一国的法定货币也是国际货币，那么对于本国公民来说，不涉及本币和外币关系的问题。美元在很多国家有强大的购买力，有时甚至比在美国国内消费还划算。因此，对于美国人而言，在许多地方都能使用美元，不但省去了货币兑换的过程，而且避免了汇率损失。

本币输出境外成为国际货币，此时本币的供应必然要兼顾国内和国际两个市场对本币的需求，本币也因此影响使用该货币的境外国家的流动性和经济。这是美国投机银行家能"狙击"各国经济的根本原因，这也是国际货币采用国家货币最大的弊端。在境内回笼货币或者释放货币的做法，会影响境外货币区的货币供应数量和流动性，进而影响本币在境外的价值和购买力。本币在境内货币区和境外货币区的价值不一定相同就是因为境内货币区和境外货币区的货币供需不一定相同。

美元是各国普遍采用的国际货币，美元要保持其国际地位就必然要兼顾国际市场的美元需求。如果国际市场美元供应不足，需求自然转向其他货币。为确保国际市场的美元供应，美国只能过度举债增加货币供应。过度举债自然会摊薄美元价值，损害美国经济的长期发展。为了做到既维持美元强势又能扩大举债，增加货币供应，美国只能利用各种机会制造动乱，打压其他货币的价值，维护美元的霸权地位。因此国际货币制度改革的方式，就是建立由几种货币相互竞争的国际货币制度，由几种国家货币共同承担国际责任。在这样的制度设计中，如果美元供应不足，对国际货币的需求就可以转向其他国际货币，美国也就不必为了维持美元的国际货币地位而强行举债。各国按照其经贸结构特点支付结算货币，改变以前全部采用美元的方式。在这样的制度设计中不仅国际市场的汇率波动会大幅降低，而且本币汇率也会更加稳定，对于各方都是利大于弊。

无论境外还是境内，如果是同一货币区，使用同一货币就是统一的市场。不论在国内还是国外，由于处于相同的中央银行及其制度规则的约束下，受共同的货币政策影响，经济周期相近，因此境外货币区所在国会受国际货币来源国货币政策的直接影响。美元加息时，大量持有美元的国家的本国货币汇率和利率都会受到影响，这是美元境外货币区通过美元施加影响所致，因此放弃美元就可以摆脱美元的直接影响。

本币流向境外，会减少国内流通的货币量和国内需求。这类本币对于外国而言相当于借据，如果在境外不同的国家之间流通，相当于借据在不同人之间转手，并不会影响本国经济。美联储通过债务创造美元，海外美元是美国给他国出具的借据。这些借据作为国际货币和外汇储备在各国之间不断转手，美国就无须提供商品和劳务兑付这些借据。只要仍旧有人愿意持有美元，这些美元就可以在海外不断地流通，美国就能不断地扩大债务印刷美元，却不用通过劳务或商品兑付收回债务。如果有一天境外货币区没人愿意持有美元，境外的美元被兑换为其他货币，货币的主权性就决定了美国只能自己收回美元。美国增发的债务虽然能够施加给他国，但当债务失控时，货币的主权性决定了美国人自己将是这种后果的最终承担者。不仅美国如此，任何妄图不劳而获过日子的国家都会如此。境内的货币持有者是本币问题的最终承担者，不要侥幸妄图转嫁给他国。当一国的货币价值和信用出现问题时，境外的持有者能够卖出货币摆脱风险，境内的持有者无法将货币卖给发行机构，只能被动承担损失。所以维护货币价值首先是本币国公民的责任。本币国公民监督货币发行机构，维护货币价值和信用，是在维护自身权益。货币发行机构只是名义上的货币责任的承担者。货币发行到持有者手中后，所有结果都由持有者承担。如果货币价值和信用崩溃，货币发行者根本无能为力，更不会主动为货币持有者承担损失，这就是法定信用货币的社会性和公共性的阴暗面所在。只有建立法治引领和规范下的法定信用货币，这种货币的信用才有保障，这些知识是每个现代公民都应学习的。

在本币货币区中，境内商品定价、劳动力定价以及资产定价是一体的，境外的本币定价通过汇率转换确立。境外的本币只为当地提供货币需求，并不影响当地的物价。

本币在境内境外的货币供应总量是中央银行和商业银行供应的货币总量。本币流出境内，境内原有的货币供应总量会减少，境外的本币回流境内，原有的境内货币流通总量会增加，但不改变原有的货币供应总量。货币供应资产负债表应根据境内境外差异分别建表。境外货币区供应的货币和境内货币区供应的货币分属各自的财会统计，分别影响各自的统计。

本币货币区无论是在境外还是境内都使用同一货币，

中央银行在境内超发的货币输出到境外，虽然避免了境内的通胀，但这些债务迟早要还。境外本币回流，无论以何种形式、由什么机构汇入，从资产负债表来看其实质都是财富回流，不是对外债务。外国投资者用持有的美元在美国投资时，尽管权益属于外国投资者，但持有的美元还是美国的财富。尽管货币的所有权在交易支付中不断过手转换，可能转换到不同的国家，但货币的主权性决定了货币的主权始终不变，美元不管在谁手中都是美国的美元，都是美联储的美元。如果美联储不承认美元持有者手中美元的合法性，那么美元持有者持有的美元就是假币。这是法定信用货币主权性的阴暗面所在。

三、就本外币货币区而言

本国货币不能用于国际收支的国家，以及本币可用于部分领域的国际支付但也必须储备外汇的国家，都属于本外币货币区的经济体。本外币货币区使用的货币由本币和授权外币构成。外币不是法定货币，只是商业交易的授权货币。储户根据自己的需求选择货币持有、使用的方式。本外币货币区的银行账户为双币或者多币账户。使用美元作为外汇的国家，银行账户可以同时保留本币和美元，并可以在账户内买卖货币，这种银行账户就是本外币账户。本外币账户通常采用本币交易结算，外币主要作为价值储备和国际交易支付,很少在国内交易结算中使用。

本外币货币区的货币体系是本币和外币共用的体系,经济运行受本币和外币的共同影响。中国的部分企业以出口为主,产品很少内销,需求来自国外,受国内经济周期的影响主要表现在原材料方面,获取的利润受汇率波动影响大,其经营方式和经营特点与内贸企业完全不同。这些企业同时受到外币政策和本币政策的双重影响。在全球化的背景下,国际市场发展成独立的经济体系,是与国内经济体系不同的体系,各国的经济体系都需要兼顾国内和国际经济体系的影响。

大部分国家不允许外国货币在本国自由流通使用,通常只允许持有作为保值工具使用,因为外币自由流通不仅涉及主权,还会经常性地影响本国的货币供应,对金融体系造成很大隐患。美国总是力主各国开放资本市场和外汇交易市场,允许外汇自由流动,其实是为金融攻击扫清障碍。日本、新加坡这样的国家允许外汇自由流动却还没有出现金融问题是因为美国还没有针对日本和新加坡的金融攻击计划,不等于没有隐患。如果有一天美国要对这些国家发动金融攻击,这些国家银行账户中的存款就可能受影响出逃造成本币大幅贬值,到时候政府出台什么措施都无力回天。美国的金融炒家几次攻击中国香港市场都无法得手,就是因为中国至今严控外汇自由流动的做法能够保护本国市场。虽然中国香港市场的资金可以自由流动,但在中国的保护下,金融炒家难以兴风作浪造成资金恐慌出逃的局面,每次只能铩羽而归。如果中国开放资本市场,允许外汇自由流动,那么遭遇金融攻击时千千万万的国内本外币账户的挤兑行为是控制不了的。当然,这样的说法不是要反对国际化和资本开放,而是在狼子野心、弱肉强食的"黑暗森林"国际货币制度下首先要自保。等到国际货币制度实现公开、公平、公正的那一天,再热情地拥抱国际化和全球化。

在本外币货币区的经济体中,中央银行采用存款准备金调控货币供应量,外币不在本币存款准备金的约束范围内。如果大量进行外汇交易,或者外贸占国民经济的比重高,国际收支就会对物价造成严重影响,也就是造成输入输出型通胀通缩,这种影响又不在中央银行的监管治理范围内,因此会对经济造成不利影响。

本外币货币区国家,采用本币和国际货币并行的货币制度和财会制度,采用国内货币和国际货币两套记账交税方式。相关的金融信贷也有两种渠道,使用国内货币开展的信贷活动计入国内货币体系,使用国际货币从事的经济活动和信贷活动计入国际货币体系。

本外币货币区国家持有的外币除了用于国际收支，结余部分只能投资相应外币国的资产。本币超发、债务扩张过度会导致经济脆弱，容易遭受攻击。任何问题都不再局限于国内，超发货币将首先在国际市场中受到惩罚。因此要约束中央银行自身的行为，加强对国内商业银行的监管。

本外币货币区国家获取国际货币是参与国际经济活动和对外交流的前提，缺乏外汇就无法进行国际支付。只有通过扩大出口换取外汇的方式才能具备国际支付能力。平心而论，这种制度设计不符合常理。本外币货币区国家的经济发展因此受外汇储备的局限，只能通过出口和吸引外资的途径发展经济。本外币货币区国家必须将出口作为优先发展的经济战略，通过取得足够的外汇来确保经济和社会的稳定。在这种经济模式中，只有当国际货币提供国有需求时，本外币货币区国家才能获取外汇收入，从而获得用于国际支付的国际货币。这是当前国际货币制度的主要缺陷，是对发展中国家不公平的制度安排。这种方式为美国提供了抢夺他国财富的机会。对于发展中国家而言，通过出口获取外汇是发展中国家发展经济的必由之路。这种单一的国际货币获取方式会导致出口依赖、外资依赖、经济脆弱，很容易遭受金融投机资本的攻击。

　　发展中国家的货币无法用于国际支付，需要通过出口获取国际货币用于国际支付。国际货币提供国则需要不断以逆差的方式向国际市场提供国际货币。大量的发展中国家都只能处于货币需求方位置，国际货币提供国处于货币供应方位置，这种模式是由现行的国际货币制度决定的。如果允许各国货币具有平等的地位，就可以解决这个问题。

第三节　本外币货币区中央银行的职责

　　采用本外币模式的国家，在国际交易中本币和本国经济总会受制于外币利率、汇率和本国的外汇储备，因此中央银行需要承担更多的外汇和本币经营责任来防止这种影响对本国经济造成伤害。如果中央银行不愿意承担相应的经营管理责任，本国社会资本就要独自承受外币的影响，这种放弃本国经济安全和经济利益服从外币安排的做法必然降低本国经济的独立性，导致过高的对外依存度，从而使本国创造的财富不断被外币吸走，本国富豪的净资本长期外流就是这种依附性的具体表现。

　　本外币货币区的中央银行需要承担外汇交易、外汇选择、外汇保值、外汇安全的职责。

一、外汇交易职责

中央银行需要承担的外汇交易职责是指中央银行或者其授权商业银行以国家为单位，以维护本币利益、维护外汇储备安全为目的直接主动地参与外汇交易的做法。目前各国普遍采用允许储户自由兑换外汇的做法，这种做法实际上是通过商业银行代理储户直接参与国际市场交易。这种方式的优点是商业银行无风险地收取代理费，储户直面外汇市场的定价和波动，全球外汇市场是统一的，储户能够自由交易。这种方式的缺点是中央银行或其授权商业银行放弃自身应承担的外汇交易社会责任。让储户自由进行外汇交易的结果是本外币货币区国家的国内经济受外汇市场影响的程度大幅增加，国内经济的独立性降低，法定信用货币垄断性对国内财富的自我保护能力降低，国家经济安全甚至政治安全受外部影响的程度增大。从保护本国利益的角度来看，货币自由交易兑换的优点主要体现在个体层面，对于社会和国家整体而言则是弊大于利。货币自由交易兑换的好处主要被国际货币提供国获得，对于本外币货币区国家而言则因无法维护自身权益而弊大于利。在统一的全球性外汇交易市场中，中央银行或者其授权商业银行以国家为单位，以维护本币利益、维护外汇储备安全为目的直接主动参与外汇交易的做法，就是对外汇实行符合本国利益的管理，就是在国际市场和本国外汇供应需求之间建立缓冲区和隔离带，实现对本国经济的保护。在当前实行丛林法则的国际资本市场中，在美元主导国际市场的现状下，对于本外币货币区国家而言，放任本国储户和商业银行直接参与国际交易无异于送羊入虎口。如果像美元这样的国际货币的货币价值一直是清晰的、明确的，不是被操纵的，那么参与全球统一市场的交易当然是利大于弊。在当前美元价值不确定的现状下，为保护本国财富建立缓冲区和隔离带是中央银行应承担的职责。

二、外汇选择职责

中央银行需要承担的外汇选择职责是指中央银行应利用自身的专业性和掌握的信息，从宏观层面和符合本国利益层面，主动选择外汇储备的币种和国际交易结算的币种。当前的国际现状是各国主要选择美元作为交易结算和外汇储备货币。在以美元为核心的国际货币体系中，虽然汇率是浮动的，但固定使用美元是僵化的。所以这种方式比固定汇率更不可靠。美元利率、汇率能够左右全球经济正是各国僵化使用外汇储备币种造成的。如果各国的中央银行能够根据本国实际情况适时选择不同的外汇储备和交易结算货币，就可以变被动为主动，改变外汇储备和本币受制于美元的窘境。当美元不断加息影响到本国经济时，将外汇储备和交易结算货币转为其他更稳定的货币就可以摆脱美元带来的无妄之灾。越多国家放弃使用美元进行外汇储备和交易结算，美元在国际市场上产生的影响就越小。当美元恢复正常，具备可靠的投资价值后再将外汇储备转回美元，这种主动选择外汇交易币种的方式才符合本外币货币区国家的根本利益，才是在当前以国家货币作为国际货币的制度中应该采取的专业应对方式。中央银行无论是采用增加交易持有成本的方式还是采用收税收费的方式引导本国民间外汇储备转向都是正确的做法。这种干预是保护本国财富的需要，是免受外汇市场影响的有效举措。这项工作只有中央银行能做，因此中央银行需要承担起外汇选择的职责。

三、外汇保值职责

中央银行需要承担的外汇保值职责是指通过顺差取得的外汇来之不易，应避免在市场波动中莫名其妙受损甚至被吞噬。中央银行主动选择外汇储备和交易结算货币就可以实现对外汇风险的管控。中央银行承担外汇交易职责，可以实现对国内财富的保护，也相当于承担了外汇保值职责。

四、外汇安全职责

中央银行需要承担的外汇安全职责是指外汇储备不能仅仅因为市场波动和市场定价就被消耗掉。国内的财富和资源更不应被恶意定价。中央银行要肩负起保卫外汇安全和本币安全的职责。美元和本外币货币区国家的货币是博弈对立关系，美元从降息到加息的过程必然会收割财富，即使在很长的时间内这种以美元为核心的体系运转良好，那也是在等待羊毛生长得足够多。在中南美洲、欧洲、东南亚等地发生的经济危机和金融危机中，可以很清楚地看到财富是如何通过市场被掠夺的。因此，本外币货币区国家的中央银行需要承担起本国财富和外汇储备的安全职责。

为什么要单独强调中央银行在外汇储备和交易结算中的职责呢？这是因为在法定信用货币制度下建立的这种以美元为核心的国际货币体系中，美元和本外币货币区国家的法定信用货币之间的关系是博弈关系，采用的规则是以美元为主的丛林法则，这种经济模式的运行趋势显然由美元决定。如果各国的中央银行再不参与到本国外汇储备交易结算中，那么本国的储户只能任由市场宰割。中央银行参与外汇储备交易结算的目的就是保护本国财富，就是在法定信用货币制度的基础上将法定信用货币封闭垄断的保护功能延伸到国际市场，这种做法符合法定信用货币理论。

从本外币货币区国家的角度很容易看清这个道理。本外币货币区国家的汇率由外汇储备的数量和该国的国际竞争力水平决定。外汇储备大幅减少或国际竞争力降低都会导致本币贬值，从而低估本国资产、资源和劳动力的定价。本国的外汇储备主要来自资本项下和经常项下的顺差结余。外汇储备和交易结算货币的大幅波动会直接影响本国的资本项下和经常项下的顺差结余。例如，当使用美元作为外汇储备和交易结算货币时，伴随着美元升值可能会减少本国经常项下的结余，伴随着美元贬值可能会迫使本国资本项下的资金流出导致结余减少。美元在一定幅度内波动并不会对外汇储备和汇率产生大的影响，但在经济危机时期或美元大幅加息时，美元本身的波动幅度很大，就会冲击本币汇率和外汇储备。此时对于本外币货币区国家而言，将本币与稳定货币挂钩摆脱动荡的美元影响最符合本国利益。这就要求本外币货币区国家的中央银行适时选择符合自身利益的国际货币作为外汇储备和交易结算货币，避开不稳定国际货币大幅波动带来的冲击。当欧元因为俄乌冲突和能源危机大幅贬值，美元借机大幅加息时，人民币成为最稳定、最可靠的货币，将外汇储备和交易结算货币转为人民币就可免受欧元、美元冲击。对于人民币而言，这也是走向国际化的最佳契机。

第四节　外汇和外汇储备

一、外汇

外汇是本币无法被国际市场接受，但要进行国际交易支付的国家被迫持有并使用的外国货币。由于国内交易支付和国际交易支付采用不同的货币，本币和外汇之间、国内经济和国际经济之间总是处于相互作用相互影响的状态。外汇的流入流出不仅会影响本币的货币供应和定价，也会直接影响投资和消费。

外汇是国际市场进行支付结算时使用的国际货币。就像国内市场只能使用本币或授权货币不能使用未经许可的货币一样，国际市场只接受特定货币用于国际支付结算。所以一个国家如果没有外汇就等于没钱进行国际支付，这就是外汇储备能够对本币汇率造成重大影响的原因。

由于外汇不是本国货币而是他国货币，因此本国的货币政策不会对持有的外汇产生任何影响，反而国际货币国的货币政策、利率和货币供应能够通过汇率和国际收支对本国持有的外汇产生影响，进而通过汇率波动影响本国经济。因此采用他国货币作为国际货币的国家，本国经济会受到本国货币和他国货币的双重影响。在制定本国的货币政策和经济政策时，需要考虑国际货币所在国的货币政策，并尽可能地利用国际货币所在国的货币政策为本国的经济发展增添助力。

结售汇制度是对外汇实施严格管理的国家普遍采用的方式，结售汇制度决定了国家外汇的国内留存方式。严格的结售汇制度不允许个人、企业和其他社会组织持有外汇，获取的外汇都要出售给国家统一储备。个人、企业和其他社会组织需要使用外汇时应提出申请，经过审核批准后方可使用。我国很长一段时期都采用严格的结售汇制度管理外汇，改革开放后才放开部分管制允许国民保留外汇。目前我国经常项下货币的自由兑换已经放开，资本项下货币的自由兑换仍处于管制中。

在国际市场进行采购的能力是由持有的国际货币数量决定的。如果国际市场不承认某国货币的国际性，该国就无法用本币在国际市场进行采购，所以需要先获取国际货币才能进行消费。在这种情况下，对国际货币的使用国而言，该国的国际支付能力是由其创造国际财富的能力决定的。

二、外汇储备

外汇储备是一国储备的外国货币，用于购买国外的商品与服务，支付清偿国际债务，从事国际商业活动。外汇和外汇储备是国家对外交流的产物，是国际化、全球化发展的必然要求。国际化越发展，对国际货币的需求就越多。国际商业活动越频繁，外汇储备越重要。

对于采用他国货币作为国际货币的国家来说，外汇储备是国际支付清偿能力的反映，缺乏外汇储备就是没钱用于国际支付清偿，对于依赖国际资源的国家而言是很严重的问题。对于完全封闭、不依赖国际资源的国家而言则无所谓外汇储备。外汇储备是国际支付能力的代表，因此各国在制定经济政策时都要将提高国际支付能力作为经济活动的一项重要内容。由于国内货币不能在国际市场上用于支付，只能采用国际货币，因此获取国际货币是经济活动中的重要内容，经营管理外汇就是在经营管理国际支付购买能力。很多国家忽视了外汇的重要性，没有将出口和换取外汇作为重要的经济活动加以重视。外资和外汇对于发展中国家而言是发展的主要动力之一。

有些国家的货币只有很少几个国家接受，这样的国家也需要储备外汇。储备外汇是个糟糕的决定，也是个糟糕的机制，但在没有更好的制度之前只能这样。因为这种机制对于发展中国家来说是一种要挟，本币不能在国际市场使用本身就是不平等的机制，储备外汇的机制更是给广大发展中国家戴上了枷锁，所以尽管将美元作为国际货币会造成非常多的问题，但这个制度仍然在使用。本币不能用于国际支付是国际货币制度不成熟的表现。要实现全球化，要让所有的国家都积极地参与到全球化的进程中，要建立世界范围的和平、安全、秩序和效率，就要赋予各国平等的权利地位，而这种无论国家大小都要权利地位平等的制度首先要在国际货币制度层面建立。

各国对储备外汇的依赖是国际经济交流方式和制度决定的。国际经贸交流总是会选择强势保值货币，而强势保值货币常常是顺差货币，国际市场供应有限，这种矛盾是国际货币制度设计面临的最主要问题。不使用特定的国际货币，只使用本国货币是不现实的，因为有些国家的货币没人愿意要。欧洲国家经过长期的实践检验证明，实施区域货币一体化是比较可行的方法。

第五节 货币博弈

在使用黄金白银等实物货币时并不存在货币博弈这个概念。在金本位时期，也没有货币博弈这一概念，只有国际收支的流入流出。只有在采用法定信用货币时，由于法定信用货币的主权性和封闭性，才会产生货币博弈现象。所以说货币博弈是法定信用货币之间的博弈，以后提及货币博弈就不再强调是法定信用货币。

货币博弈原本表现的是实体经济之间的差异和国际收支的比较，但在美国发明各种金融工具后，货币博弈就变成了市场交易定价权之间的博弈，不再全面反映实体经济的现状，而是掺杂了许多金融因素和操纵痕迹。货币博弈通过汇率呈现结果。由市场交易定价的汇率因此不一定能全面反映实体经济的现状，因为在很多时候货币汇率会像其他价格那样完全由资金操纵，或者由情绪甚至谣言主导。

货币博弈的基础是双边比较定价。由于本国货币和其他国家的货币都形成双边比较汇率，因此双边比较定价产生的汇率仅仅代表双边关系，每个国家的货币都可以生成一个加权平均的汇率指数，该指数比单一汇率更能反映该国的货币定价水准。

第三章
国际货币及其制度

第一节　经济全球化

　　经济全球化是人类建立国家以来始终面临的课题。在黄金白银作为货币的时代，经济全球化主要表现为掠夺黄金白银，贸易更像是搜刮黄金白银和奇珍异宝的借口。这一时期的经济全球化常常伴随着坚船利炮和侵略战争，要不是第二次世界大战太惨烈，最终建立了联合国，这种模式还不知道要循环持续多久。

　　联合国的建立为国际交往制定了一些基本规则，在这些规则的约束之下，经贸投资活动有序开展，国际纠纷在国际层面协商解决，人类开始真正进入全球化的发展时期。在时代进步的过程中，原本野蛮的坚船利炮换成了交易规则。如果规则不平等、不公正、不公开，利用规则一样可以干坚船利炮的抢掠勾当。资本仍然可以利用规则漏洞在政治、经济、社会活动中放纵它嗜血的本性。这是当今社会面临的主要问题。特别是当政治和民主退化成资本操纵的生意时，将严重威胁现代社会、伤害全球化。

　　国际经济活动是在国际货币体系基础上运行的经贸活动。目前的国际货币体系因为历史的原因，一直采用以美元为主的国际货币金融设施和网络，因此给了美国利用国际货币金融体系在规则内合法掠夺全球财富的机会，究其原因，是因为以美国为核心的国际货币金融体系是不平等的国际货币金融体系。这种不平等的国际货币金融体系围绕确保货币金融霸权制造出各种问题。由于大部分人并不了解货币金融的运作方式，一些专家又为这种不平等的国际货币金融体系助威站台，所以这种体系的问题不仅没有在全球化的过程中得到治理，还变本加厉地发展到威胁国际秩序、安全的地步。2022年，原油期货交易竟然出现负价格，足以说明这种体系的黑暗本性。

　　解决所有的这些问题只需要坚定地做成一件事，就是在国际社会，无论国家大小，地位都平等，实现法治，消除霸权。我们在国家内部进行法治建设，实现法律面前人人平等后，就在国家内部实现了安全和有序。我们在全球范围内实现国与国之间的平等地位和法治，就能在国与国之间消除霸权，实现安全和有序。对于霸权国来说，如果不能获取财富，是不会动用武力的，也不会干控制他国精英、颠覆他国政权这种费钱费力又徒劳无功的事。所以不要给霸权国制造事端和乱中取利的机会，不要给霸权国通过控制他国精英、颠覆他国政权获取财富的机会。消除国家之间的霸权，首先就要从改革国际货币制度开始，因为国际货币制度是目前最主要的霸权形式。

　　在抵制全球化和国际化的过程中，很多人遭受了国际化带来的负面影响：企业倒闭，失去工作，物价越来越高，收入增长缓慢等情况。有时国际化带来的不是发展而是倒退，如贫富差距越来越大，这样的国际化和全球化是美国推行的完全开放的自由市场经济导致的结果。中国走了一条完全不同的道路，在发展经济的同时完善法律制度，加强治理，使经济和政治始终运行在安全、有序和高效的环境中，在坚持独立自主的前提下吸引外资发展经济。

当苏联解体、采取休克疗法时，中国的改革开放正在谨慎地试点，摸索试探着前进。从南方开始，从沿海城市开始，从增加就业开始，从薄弱的行业开始，从可控的领域开始，取得成功后再推广至全国。所以中国在打开大门的同时，更加严格地禁止黄赌毒。在全力发展经济的同时，也在坚定地反腐败。在放开市场与国际接轨的同时，拒绝危害社会、危害国家的思潮。美国的资本主义发展了两百多年，纽约街头现在仍能见到很多无家可归者。中国的改革开放发展了四十余年，就达到全球第二大经济体的水平，这种成就与国际化密不可分。所以不应惧怕和排斥全球化，而应利用好全球化提供的机遇，结合自身的条件，制订可行的发展计划，政府和人民一心一意谋求发展。

全球化能够为国家的经济发展提供庞大的市场、源源不断的资金、技术装备和发展渠道。对于发展中国家而言，在缺乏资金、缺乏渠道、没有技术装备的情况下，吸引国际投资，利用国际需求，借助国际技术装备，是实现自身发展最高效的方式。如果产业仅立足于国内，只会阻碍经济和社会的发展。只有积极参与国际竞争与合作，在国际层面实现分工合作，才有更大的发展空间。对发展中国家而言，国际化、全球化是实现发展的良机。只要是在公开、公平、公正的国际制度规则下，发展中国家的权益就能够得到尊重和保护，发展中国家就应积极参与到国际化、全球化的进程中。

国际货币在全球范围内流动，为资源和劳动力在全球范围内配置创造了条件。全球性的分工合作有利于扩大市场、提高效率、降低成本、合理定价和增加收益，既为每个国家提供了发展机遇，也将国际社会紧密地联系在一起，从而降低了国家间爆发战争的可能性，为国际社会创造安全、有序、和谐的生存发展环境。而实现这一切都要靠国际货币制度和国际经济制度对国际经济活动的规范约束作用，都要靠国际货币制度和国际经济制度对资源、资本、劳动力和生产需求活动等经济因素在全球范围内的合理配置。不好的国际货币制度和国际经济制度只会带来动乱，公开、公平、公正的国际货币制度和国际经济制度才是人类的未来。

全球化发展促使供应链在国际层面分工合作,国内个性市场和国际共性市场相互影响、共同发展。国际经贸投资和需求供应活动将成为社会活动中重要的构成部分。任何国家试图置身事外最终都会因为无法忍受落后而加入国际化的进程中。所以任何国家都不应拒绝国际化和全球化,因为这一趋势无法阻挡。人的思想认识水平在国际交往中飞速提升,社会发展的速度越来越快,人们必须投入发展、参与竞争、提升自身,否则只能被动接受落后。国际货币会成为未来的主流货币。国家货币的重要性随着全球化的发展会不断降低甚至会被代替。小国在未来可能放弃国家货币主权,完全采用国际货币或者大国货币作为本国货币。就像跨国公司逐步成为全球经济的核心力量那样,国际货币最终也会成为国际货币体系中的核心力量。尽早参与经济全球化的进程,符合各国人民的根本利益。

第二节 国家货币与国际货币

一、什么是国际货币

国际货币是国际交易结算储备时普遍使用的货币,是国家之间经济交流认可的国际交易结算清偿支付工具、记账计价工具和价值储备工具。目前没有专门发行的国际货币，国际货币是具备条件的国家货币，该国的货币承担国际货币的相应职能和责任。

二、国家货币成为国际货币应具备的条件

在以国家货币作为国际货币的制度安排中，作为国际货币的国家货币必须放弃部分国家权利，承担国际货币的责任，但同时也享受国际货币的权利。如果国家货币作为国际货币只享受权利而不承担义务和责任，就相当于该国货币在国际上享有特权和霸权，该国就可以利用其国际货币地位和权利损害其他国家的利益。比如收割他国财富、禁止他国使用国际货币、实施金融制裁等。

在以国家货币作为国际货币的制度安排中，国家货币若想成为国际货币应满足以下条件。

（1）放弃部分国家权利，承担国际货币责任，享受国际货币的权利。

（2）设立国际货币监管组织，中央银行以会员身份加入组织服从管理。

（3）公开中央银行货币供应资产负债表，遵守国际货币监管组织的要求。

（4）设立举债上限，超举债上限需经国际货币监管组

织同意。

在满足以上条件后，采用多个国家货币相互竞争的方式成为国际货币，可以避免美元一家独大造成的问题。

第一，建立国际货币监管组织且其能真正发挥监管效力后，当有三种以上的国际货币时，国际市场的外汇储备需求就不必偏好军事实力第一的安全保障性，而是可以根据货币价值选择储备货币。只有根据货币价值选择储备货币的观念深入人心，才可以将原本以投资炒作收益作为保值方式的投机模式拉回货币价值保障的模式中来，从而避免投机模式的无序无度扩展。商业银行把储户的钱用于购买基金或其他理财产品，通过投资所谓的安全资产和固定收益资产进行保值，殊不知执掌定价权的国际货币能够轻易打破这些资产的安全边际。原油期货出现负价格还不足以警醒那些迷信市场的人吗？

第二，国际货币监管组织依据规章制度实施的货币金融治理行为更公开、公平、公正，可以避免国际货币提供国随意制裁导致混乱局面的发生，提升国际货币金融领域的确定性程度和安全感，从而促进全球化发展。

第三，国际货币监管组织的运营可以探索出货币金融的治理办法，形成有效的货币金融治理规章制度。将这些规章制度推广到成员国，既能够提高成员国的货币金融治理水平，又能够促进货币金融治理规章制度的完善，对于全球化发展也能起到很大的推动作用。

第四，只有在国际货币监管组织的治理下，有三种以上的国际货币相互竞争，才会出现过度举债必然导致货币贬值的正常现象，而不是当前这种美元不断突破举债上限，美元的单位价值不受影响的现象。凡是不符合价值要求的国际货币最终都会被市场自然淘汰，相互竞争的淘汰机制可以促进国际货币提供国致力于发展经济而不是操纵金融。这种方式将使国际货币的来源更加多元化，而不会局限于发达国家货币。像中国、印度、巴西这样的发展中国家的货币只要具备条件，一样可以成为国际货币。

第五，三种以上的国际货币都是经过专业人士评估，国际货币监管组织认可的国际货币，都具备同等的外汇储备和交易支付功能，这就可以避免各国疯抢一种货币、缺少合格替代货币的尴尬局面。任何一国货币的国际供应量都难挡各国投资者的蜂拥而入，三种以上的国际货币供应数量足够满足国际市场的货币需求。

三、国家货币作为国际货币应承担的责任

国际货币不是平白无故产生的，而是有具体成立条件的。国际货币是全世界人民的货币，肩负全世界的国际交

易支付、国际定价、财富价值储藏的职责，而且这些职责必须在国际货币制度中体现出来，必须在现实中扎扎实实地得到履行。如果国际货币不能保障使用者和持有者的权益，这个货币就不具备成为国际货币的资格。美元享受了作为国际货币的各种特权，又利用国际货币的特权伤害他国权益，却不承担国际货币应承担的义务和责任，所以美元早已不适合作为国际货币了。

从法定信用货币的基本理论知识来看，成为国际货币应承担的责任包括：

（1）单位货币价值保障。对应在经济层面是管理控制通胀，对应在货币金融层面是管理控制债务和信用的供应总量，因此需要建立债务总价值和信用总价值管理指标。从价值角度来看，无论持有哪种国际货币，也无论是国家货币还是国际货币，其目的都是保值增值。如果国际货币不能保值增值，持有这种货币的结果就是自身财富的损失。因此对于国际货币来说，维护保值增值的能力非常重要。

（2）货币供应总量控制。对应在经济层面是管理控制举债，对应在货币金融层面是管理控制信用，因此需要建立信贷总量的债务上限指标。

从货币金融和经济的关系来看，成为国际货币应承担的责任包括：

（1）采用市场机制分配、调节、管理、控制经济运行。

（2）采用行政方式解决市场失灵问题。把一切问题都交由市场解决是错误的，行政干预是自由市场经济制度本就具备的职能，是解决危机和市场失灵的基本手段。放任市场自生自灭，采取绝对自由的市场经济制度的国家的货币并不适合成为国际货币。例如美国放任雷曼兄弟银行倒闭，将其国内的个体性危机放大为全球性危机，将其国内问题通过各国之间的联系传导成全球危机，因此美元不适合作为国际货币。

（3）中央银行货币操作收益归财税收入，中央银行货币操作损失由财税收入补充。

（4）管理控制好金融的规模和增长速度，金融行业的地位和定位始终是实体经济的补充、完善和辅助。

从货币制度角度来看，成为国际货币应承担的责任包括：

（1）国家货币作为国际货币的国家，应具备稳定的实体经济基础。以金融和消费为主的经济体，抗风险、抗危机能力弱，不能在国际社会遇到天灾人祸时发挥保障供应的作用，因而难以承担稳定经济的责任。

（2）国家货币作为国际货币的国家，其货币体系必须体现货币的社会性和公共性，不能是私有的。私有货币金融体系以私人商业银行为基础构建，货币金融体系与储户之间是对立的博弈关系。商业银行倾向于扩张信用、增加债务、从储户手中牟利。一旦商业银行经营失败破产，储存在货币中的劳动价值也随之丧失。采用公有或者国有的方式有助于建立更加公开、公平、公正的货币制度，保障货币持有者和使用者的权益。

（3）国家货币作为国际货币的国家，其经济体系必须是市场经济，必须采用市场方式安排组织生产、分配商品和资源，同时该国也应是市场经济和多边主义的坚定支持者。

（4）国家货币作为国际货币的国家应提高其货币价值的担保力，并接受更多的监管。正因为国家货币作为国际货币的国家付出更多，所以才有权利拥有更多。

（5）国家货币作为国际货币的国家，其中央银行应该更具独立性和国际性。

（6）国家货币作为国际货币的国家，其货币的国家性和主权性必须降低，只有接受国际制度约束和监督的货币才能成为国际货币，货币的社会性、公共性应得到贯彻。货币的交易支付、价值储存、记账计价功能以及持有者和使用者的权益不受侵犯。

在全球化的发展趋势中，货币使用者不仅是本国公民，其他国家的公民、企业和政府都可能持有本国货币。如果不能确保货币价值，就是对其他国家财富的窃取和伤害。当前的国际货币没有规范的制度安排，美国能够凭借其国际货币地位随心所欲地制定符合自己利益的规则，又朝令夕改为自己牟利。当前的国际货币制度并没有对所有国际货币使用者和持有者进行保护，因为美国可以任意没收其他国家的美元资产，可以禁止某国使用国际货币，这样的货币怎能算国际货币？当前的国际货币制度没有对美元提出举债和信用应用的要求，这便导致美国任性地扩大债务维持强势美元，实现不劳而获的美国梦。美元靠举债提供国际货币的模式从最基本的经济学来看也是不可持续的。

在国家货币作为国际货币的制度中，成为国际货币的条件提供了对国家货币的制约。如果一个国家过度扩张信贷，价格上涨带来的虚假繁荣有麻痹作用，在其国内通常不会出现反对意见，但国际层面能够更真实地感受到债务增长导致的货币购买力的损失。国内通胀对价值的挤出效应会在汇率市场迅速反映出来，外贸行业营商环境的改变也会给"烦躁"的国内经济踩下刹车。作为对国内信贷过度扩张的警告和制约，冒进现象会表现在汇率方面。国际范围的多元货币竞争与国内的一元货币垄断使得任何提供国际货币的国家都需要接受来自国内和国际的双重监督，因此中央银行将不得不承担起国内和国际的双重责任。

随着国际经贸交流越来越普遍，国际货币的使用越来越频繁，建立公开、公平、公正的国际货币制度已经势在必行。如果任由某国不受制约地利用国际货币地位牟利，世界的混乱局面只会进一步加剧，国际利益的争夺只会越来越残酷。政治力量和军事力量明目张胆地投入国际利益的争夺中将迟早会带来人类文明的毁灭。

四、国际货币应承担的基本国际责任

基于以上分析，可以将国际货币应承担的基本国际责任总结为：

（1）价值保障责任，保障单位货币价值的稳定，确保货币供应总量适度可控。

（2）货币功能保障责任，保障国际货币的各项功能不受侵犯和干涉。

（3）权益保障责任，保障国际货币持有者和使用者的权利。

（4）保障国际货币系统独立运作，保障货币政策开放透明。

第三节 国际货币的种类

一、四种主要的国际货币

国际货币有四种主要的形式:

(1)由授权的法定国际机构垄断发行供应的法定国际超主权信用货币。

(2)由多个国家联合发行的共同法定信用货币(简称共同货币)。欧元就是各成员国放弃本币,联合发行的共同法定信用货币。

(3)各国在保留本币的基础上,在国际层面使用符合要求的其他国家的法定信用货币作为国际货币,例如美元。

(4)超主权实物货币。

二、法定国际超主权信用货币和超主权实物货币

国际货币实际上就是超主权货币。美元对于美国人来说是本币,对于其他国家的使用者和持有者来说就是超主权货币。黄金如果重新被赋予货币地位,黄金就是超主权实物货币。特别提款权也是超主权货币的一种形式。但特别提款权并不能算是货币,因为其不是国际经济活动的支付工具,也不是计价单位。特别提款权只是一种记账单位,是中央银行之间用于信贷活动的货币工具,使用时必须换成其他货币,并不能直接用于贸易和非贸易的支付。

在法定信用货币制度中，货币的中央垄断发行供应模式决定了法定信用货币必然是主权性的，即使是在全球范围内由国际货币基金组织单独发行的国际货币，也是法定的主权性垄断货币。因此，国际社会如果发行法定超主权信用货币，就要首先赋予联合国国家主体地位和行政司法权力，只有在此基础上才适合研究法定国际超主权信用货币的发行供应问题。

三、国家货币作为国际货币

国家货币作为国际货币只能采取竞争性的制度安排。按照综合国力竞争形成国际货币的模式很容易导致强者恒强的金融霸权。竞争性的制度安排只有建立在各国货币地位平等和国际货币金融制度中立的基础上才能保护国际货币的持有者和使用者。在美元成为国际货币后，我们看到美国为维持美元霸权地位的所作所为，就是国际货币金融制度不规范造成的。世界强国的货币自然成为世界上信用最好的货币。地域辽阔、人口众多的发达国家货币自然适合成为国际货币。美国作为世界第一强国，美元成为国际货币本无可厚非。但美元享受着国际货币的各种特权，却不承担国际货币应尽的义务和责任，所以美元已不适合作为国际货币，目前的国际货币制度必须改革。

四、共同货币

欧盟采取的做法就是各成员国放弃本币，成立统一的中央银行，组建共同货币，执行统一的货币政策。

一般而言，主权货币之间的流通兑换导致的经济模式是博弈模式，共同货币建立的经济模式是合作模式，两种方式产生的结果截然不同。放弃国家货币主权采用共同货币欧元后，欧元区各国结成整体，各个国家之间再没有汇率风险和外汇储备问题。各国之间的经贸往来属于内部经济活动，国家间的分工合作更加紧密深入，各国的生活水平逐步接近，这就是东欧小国争相加入欧盟的原因。

共同货币对小国是有利的。小国的经济体量小、资源少，经济的分工合作程度低，外汇储备少，对外依赖性大，抗风险能力差。如果共同货币制度是公开、公平、公正的，小国放弃本国的货币主权，加入共同货币市场后就能够消除本国的汇率风险，增加需求和投资，增强经济抗风险能力，对经济发展来说利大于弊。

资源贫乏型国家、发展进入瓶颈期的国家同样适合加入共同货币市场，因为货币主权对这些国家而言是束缚，加入共同货币市场对经济发展利大于弊。

五、共同货币区

各国保留本国货币的主权形式，采用共同货币，用固定汇率或联系汇率方式连接成的货币区即共同货币区。

在欧元诞生之前的准备期，欧盟让各国货币保持在设定的通胀率范围内，各国严控货币供应，采取统一的货币政策，将汇率波动维持在特定的区间内，这种做法就是在创建共同货币区。

不论加入共同货币区的国家大小，其货币都具有平等的地位，在共同货币区内都是法定货币，都遵守相同的货币制度规范，适用同一个法律制度，采取相同的货币政策，服从同样的监管，使经济运行保持同频，达到一体化的程度。

第四节　地区货币一体化

两个国家的经济体系就像两个独立的岛屿，各自由本国的主权货币保护在各自的领土范围内。每个国家都在本国资源禀赋的基础上建立起基于本币的社会分工合作。本国的物价就是在本币价值和劳动力效率基础上产生的定价。

两个国家经济的水位由两个国家各自的劳动力定价、资源商品定价、资产定价、税收负担水平和货币汇率定价等因素决定。国际经贸往来就像连接两个岛屿的水道，关税和进出口规则建构出保护性的阀门,哪个国家的水位高,水就从该国流出,流向水位低的国家。每种商品、每种价格,都有对应的水位。关税和进出口规则对每种商品的水位做了调整。比较优势决定了哪些商品会在两国之间流动。

如果两个国家都保持封闭状态,两个国家的发展空间很快就会被耗光。如果两个国家相互打开国门,就可以在现有关税和进出口规则的基础上建立起基于两国经济特点的分工合作。两个国家相互开放的领域越多,共同市场的规模越大,分工合作的程度越深,比较优势和资源禀赋就越能发挥促进经济增长的作用。这种发展方式最终的结果是消除所有障碍,建立共同市场。就像本国两个城市之间经济的自由流通无碍那样,由国家主权建立的封闭障碍也会在国际化的发展过程中逐步减少直至完全消除。全球化的发展趋势无法阻挡,经济层面的全球化已经发展到一定程度,现在可以考虑放弃货币主权将地区货币一体化,由此推动本国经济的发展和全球化的进步。

在构建共同市场的过程中,货币一体化远比关税和进出口规则一体化更重要。关税和进出口规则是对本国的保护措施,在构建共同市场的过程中允许各国自主选择需要保护的本国产业和领域,这应成为全球化的基本原则。在保护本国特殊领域的基础上开展全球化，既可以实现对本国主权的尊重，也能保障各国的独立性和特有的文化传统，是兼顾全球化和个性化多元发展的方式。

在构建共同市场的过程中，可以首先实施货币一体化，特别是在国际局势动荡的时期，货币一体化更有助于经济、社会、供给的稳定。特别是对于发展中国家和小国而言，实施货币一体化的利益远大于风险。欧洲一些国家争相加入欧元区就可以证明货币一体化的重要性。

小国和发展中国家货币汇率的自由浮动能力差，外汇储备规模小，抗风险能力弱，很容易受到市场波动的冲击。尤其是小国，实体经济规模不大，产业少，成本高，发展深度不够，对外依赖性强，所以如果小国仅储备单一外汇，则依赖性强、风险大。如果储备多种外汇，虽然分散了风险，但规模小、保障性弱，在国际社会的交往中势单力薄，很容易成为霸权国家的猎物。如果加入货币一体化的共同市场，那么虽然代价是放弃货币主权，但换来的是市场规模的扩大和社会保障能力的大幅提高。既不用殚精竭虑地出口换取外汇储备，也不用担心社会物资的供应保障。只要货币一体化有坚强的制度保障，对于小国和发展中国家而言加入货币一体化的共同市场就绝对是利大于弊。小国和发展中国家通常是国际化的受益者。外部市场不仅能够提供巨大的需求，还能提供小国和发展中国家不具备的资金、技术、渠道等方面的条件，对于小国和发展中国家来说远比自己摸索道路更容易实现发展。小国和发展中国家对国际市场和大国的依赖是天然的，特别是在全球化发展的今天，所以小国和发展中国家加入货币一体化的共同市场是未来发展的趋势，欧元区的发展已经证明了这条道路的可靠性。

社会的劳动价值剩余储存在法定信用货币中。加入共同货币区就是共享劳动价值剩余，共享需求，共享供应。共同货币区提供资本共享、市场扩大、资源丰富、产业链深入广泛、效率提升空间大、汇兑风险消除以及不再承受外汇储备压力等优点。在该货币区内，企业的规模更大，竞争力更强，社会分工合作更深入，对社会发展有很大的帮助。而小国和发展中国家的劳动价值剩余不多，积累慢，波动大，开展分工合作的程度浅。加入大国或发达国家的货币区就可以分享大国或发达国家的劳动价值剩余，就可以迅速融入大国或发达国家的定价体系共享财富、共同发展。小国放弃国家货币主权，大国完善法律制度，这样小国可以放心地共享大国的劳动价值剩余。加入欧元区的东欧国家迅速发展的原因就在于此。

统一货币毫无疑问是有优势的，当然统一后仍需要进一步融合。欧元区的问题就在于忙于东扩，忽视了区内经济的整合。共同货币区可能会出现个别国家谋求自身利益将成本外溢的问题。执行统一的货币政策是共同货币区的必备做法。统一初期，有的国家获利多，有的国家获利少，经过一段时间发展之后，这种差距就会消除。欧洲建立欧元区的初期，欧元是货币篮子，各国货币首先统一通胀率、利率等指标，这样才为各国货币定价和统一转换为欧元奠定了基础。但这种统一只是货币金融领域的，在统一后应该继续推动经济一体化。这方面欧盟显然做得不好，也造成欧元区竞争力并没有提升太多。

经济一体化是全球化发展过程的必要步骤，其本质是两个不同国家之间经济层面的一体化。要实现经济一体化，首先要实现货币一体化，因此货币一体化才是经济发展的目标。经济一体化意味着不同经济体之间关税壁垒的消除，但即使关税壁垒完全消除了，如果货币是不同的，两个经济体仍然不能算作实现了一体化，只有采用共同货币才是真正的一体化。放弃货币主权是在所难免的。未来形成几个大的共同货币区是全球化发展的必然结果。小国的货币将在竞争中逐步被边缘化，越早加入共同货币区就能越早享受发展红利。

第五节　当前国际货币制度面临的主要问题和改革方向

当前的国际货币制度是以国家货币作为国际货币应用于国际范畴的经济活动中，承担并行使国际货币职能。国家货币作为国际货币，该国的货币制度、货币价值、货币供应方式等就自然成为国际货币的制度、价值和供应方式。采用他国货币作为国际货币，就不可避免地要受他国货币政策和经济周期的影响。美元作为最主要的国际货币，其支付结算系统也顺理成章地成为国际货币的支付结算系统。由于美国控制着美元和美元的支付结算系统，因此美国实际上控制着国际货币系统，这是美国能够制裁他国、收割他国资产的原因。因此要建立公开、公平、公正的国际货币制度，需要将国际支付结算系统国际化和中立化，使国际货币脱离国家的操控，成为非政治化的、服务于全球使用者和持有者的中立机构。改变美联储原有的私有货币制度安排，恢复货币在国际层面的社会公共属性。

当前的国际货币功能主要由美元承担，美元不仅成为各国在国际交易支付和价值储备中的货币，也成为各国货币的定价标准。各国货币分别与美元确立汇率定价后，又基于美元价值形成相互间的汇率关系。汇率通过国际收支连接各国的外币资产负债表和本币资产负债表。由于美元处于货币体系的中心位置，因此美国具有借助美元操纵美元价值的能力，并且通过以美元为中心的国际货币体系影响其他货币的汇率，进而影响其他国家的外币资产负债表和本币资产负债表。这也是为什么美国发生雷曼金融危机之后美元反而大幅升值，而其他国家深受其害。要改变这种局面，就需要建立公共性的价值锚，以公共价值锚作为参照，建立各国货币之间的平等地位，采用竞争方式决定汇率，进而通过汇率波动约束本币的供应，改变国际经贸和内贸的博弈模式，实现各国国内经济和国际经贸的统一。

在现有的以国家货币作为国际货币的制度中，国家货币和国际货币之间是博弈关系，特别是在美元作为国际货币具有特权的情况下，这种博弈关系造成的破坏和伤害就更严重。美国能够利用美元在国际货币体系中的中心地位影响其他国家货币的汇率，进而影响各国经济，甚至利用金融市场攻击他国。美国也能够利用其掌握的国际支付汇兑结算网络和渠道制裁其他国家甚至征缴其他国家的财富。美国在其他国家制造经济、社会、政治、军事动乱，这些国家的财富就会被迫兑换成美元并从本国流出，此时美元就能发挥避险作用吸引国际资金流入美国。改变国际货币和非国际货币的对赌博弈机制是国际货币改革的重要方面，只有建立相辅相成的国际货币和非国际货币关系才能吸引各国积极参与全球化。

当前以国家货币作为国际货币的机制中，国际货币由国家货币的国际收支逆差提供，这种模式显然难以持久。缺乏逆差，国际货币紧缺，国际经贸紧缩。一般的常识是采用多个国家的货币作为国际货币，以此满足国际市场对货币的需求。即使全球有很多可供使用的货币，也没有一个能发挥国际货币的作用，只能任由美元独霸国际货币体系。欧元区虽然是独立的经济货币金融体，但在政治和军事上没有独立性，所以欧元不能发挥国际货币的大部分作用。即使未来建立起平等竞争的国际货币制度，欧盟还是会时不时地做出令人费解的行为。

法定信用货币是可操纵货币，货币政策可以影响货币的价值和流动，所以各经济单位才会对货币政策如此关注。在以国家货币作为国际货币的制度安排中，国际货币提供国操纵本国货币政策可以影响全球经济。特别是在国际货币和非国际货币之间是博弈关系的机制下，这种主动建构的货币政策有时会产生极大的危害性。比如美联储加息会惊动各国政府和企业。改变主动建构的货币政策为被动响应的货币政策是当前货币政策的改革方向。

国际经贸交流总是会选择强势保值货币，而强势保值货币又常常是顺差货币，国际市场供应有限，这种矛盾是当前国际货币制度面临的最主要问题。增加国际货币的数量，引入竞争机制降低单一国际货币的影响力，同时推动双边结算，这样的机制安排既能提高汇率的稳定性，也能降低单一国际货币的影响力，缩小汇率波动的幅度，对于国际经贸往来有很大的帮助。

国际货币体系本应是独立的体系，理应平等地对待各个国家，以法治为基础，作为国际公共产品服务于各个国家。当前的国际货币采用国家货币的制度安排导致国家之间不平等的国际地位，国际货币的提供国具备金融霸权，能够利用国际货币地位为本国谋求特殊利益。国际货币原本是国际性的公共产品，现在却变成美国中饱私囊的便利工具。这样的制度不仅会阻碍全球化的进程，也会助长不劳而获的风气，是必须进行改革的。

第六节　国际货币制度内容

一、外汇交易制度

交易主要有供需双方单独协商交易和市场公开竞价交易两种方式。外汇交易不仅是交易，还包括支付、结算、汇兑、记账几个步骤，因此任何一笔外汇交易都需要在银行的交易、支付、结算、汇兑、记账设施和网络的支持下才能完成。根据外汇交易过程，可以设计符合现实需求特点的外汇交易方式：

（1）禁止商业银行间的直接交易，所有外汇交易必须采用公开市场竞价的交易方式，必须通过外汇交易市场开展交易，必须通过在外汇交易市场的账户完成交易、支付、结算、汇兑、记账几个步骤。这样的交易方式就处于完全的监管之下。

（2）禁止商业银行交易外汇，外汇全部由中央银行或其授权机构进行交易。商业银行需要外汇或接收外汇时按照官方牌价进行兑换。

（3）允许商业银行各自直接交易外汇，授权特定的商业银行作为支付结算汇兑记账中心，采用该银行的商业网络进行支付结算汇兑记账业务，该银行承担对往来交易的监管职能，其他银行均通过该银行进行支付、结算、汇兑、记账。

（4）允许商业银行各自直接交易外汇，各国各自监管自己的货币。显然这种无组织无纪律的方式最混乱，最不安全，最不可靠。

从以上方式可以得出以下三种做法：

第一，货币之间的国际交易可以选择特定国家的商业银行作为该国货币的一级供应商完成交易、支付、结算、汇兑、记账等工作。例如，人民币、欧元、美元的交易、支付、结算、汇兑、记账都必须在该国指定的商业银行进行，由该银行承担支付、结算、汇兑、记账、监管职能。

第二，可以设立国际中央银行级别的交易市场，货币之间的国际交易由各国的中央银行统一进行。商业银行作为二级批发商，负责和储户以及同业交易。这种方式适用于几个货币区之间的大型外汇交易。

第三，可以设立中立性的国际交易、支付、结算、汇兑、记账中心，各国货币的交易必须通过该中心完成。

可以对目前的国际货币制度的方式进行如下改造：

第一，美国如果要继续控制其交易、支付、结算、汇兑、记账渠道，那就应该指定特定银行操作，且只负责美元的交易。人民币和欧元需要建立各自的指定渠道，这样才能确保公开、公平、公正的竞争，才能确保全球资金的安全。

第二，将现有的交易、支付、结算、汇兑、记账渠道改造为中立性的渠道，不受单一国家的控制。

第三，采用管制外汇方式，中央银行或授权的商业银行参与交易（这种模式更适合中小国家，对中小国家的保护也比较多），或者设立外汇交易所，由执牌企业代理交易。

二、中央银行的性质特点和地位

从法定信用货币的制度来看，货币的法定性和信用性都通过中央银行的性质特点和地位体现。中央银行发行供应货币的垄断地位决定了货币的法定性，法定货币在境内的唯一性和特权地位决定了中央银行作为国家主权的代表性。法定信用货币的流通范围也是中央银行管辖到达的范围。因此任何法定信用货币的发行供应机构都需要满足资质要求，都需要具备法定性，具备垄断能力，具备货币价值担保和信用能力。中央银行首先要确立其行政属性，这样才能明确中央银行的信用程度、价值担保基础以及其发行货币的公共社会属性，彻底解决货币基础设施私有化的风险问题。如果中央银行由私有商业银行协会代理，商业银行又允许破产，那么这种中央银行发行的货币信用度不高、保障性不大、隐性风险很大。法定信用货币的主权性体现为法定信用货币是国家货币，不是商业私人货币，中央银行是独立机构，不是政府部门。如果采用国家货币作为国际货币，国际货币的提供国必须放弃部分货币的主权性和垄断性，国际货币的提供国必须遵照国际法保障国际货币使用者和持有者的权益。货币的主权性和垄断性不能在国际范畴内任意使用。

三、货币的发行供应

不论是国家货币还是国际货币，在法定信用货币制度下，货币供应都必须接受公开、公平、公正的监管。在货币供应监管层面，公开性表现为货币信用总量数据定期公开，中央银行资产负债表如实公开，防止货币供应暗箱操作。公平性表现为储户和银行具有平等的地位，每个储户都是银行货币金融行为的监督者，每个储户维护自己正当权益的做法就是在约束银行的不当行为。公正性表现为货币的基本数据如实向社会公布，接受社会监督，接受公共中立审计。

中央银行货币发行供应的主权垄断模式和金字塔分布方式比较符合当前的现实要求。当全球化发展到一定程度，各国经济之间的差异减少，主要壁垒消除，全球范围的分工合作产业链稳定，资金流动顺畅，那时可以考虑分布式扁平化的货币供应方式。

在国际货币制度中，作为国际货币的国家货币，要么采用竞争方式供应货币，要么加强货币供应担保以保障单位货币价值稳定和国际货币持有者的权益安全。不能单纯依赖货币制度和规则规范货币供应。采用信用和担保结合的方式,引入实物价值强化货币的实际价值才是规范货币供应的最佳方式。黄金是最合适的选择,特别提款权只涉及信贷不涉及货币及其价值保障,因此国际货币基金组织的特别提款权无法保障货币价值。

第四章
货币的国际定价机制和汇率

第一节 法定信用货币的价值锚

价值的参照标准就是价值锚。各种经济价值的参照标准是物价，物价的参照标准是货币价值，货币价值的参照标准是劳动力定价，劳动力定价的参照标准是工资薪酬，工资薪酬的参照标准是物价。理解了经济的价值锚就很容易理解经济现象的性质特点，理解了经济价值锚的这种相对性和相互性，以及封闭归一的结构，就很容易理解经济变化之间的动静方式和相互关系。

法定信用货币有内外两个价值锚，物价是外在价值锚，劳动力定价是内在价值锚。法定信用货币的单位货币价值是法定的认定价值，也就是单位劳动价值，因此法定信用货币的价值锚可以表示为：

内在价值锚：本币单位货币价值＝本国单位劳动价值

外在价值锚：本币单位货币价值＝本国加权物价指数/N

本币单位货币价值 × N＝本国加权物价指数

本国单位物价价值 × N＝本国加权物价指数

其中，N 是指参与加权平均的种类及权重的平均数。

从公式可知：本国的单位劳动价值就是本国法定信用货币最基本的内在价值锚，具体表示为本币单位货币价值。从这个角度来看，本国所有的经济价值都建立在本国单位劳动价值定价的基础上。本国的经济价值都是单位劳动价值的倍数，也就是货币价值表示的总值。单位货币价值就是单位劳动价值在市场化定价方式中产生的即时价格。本币单位货币价值和本国单位劳动价值是通用的，都是本国法定信用货币的价值锚，其即时价格就是本国法定信用货币的价格锚。

本国的单位物价价值就是本国法定信用货币最基本的外在价值锚，具体表示为本币的单位货币价值。从这个角度来看，本国的经济价值由本币价值以物价的形式表示，各种经济价值都建立在本国劳动价值定价的基础上。因此物价的价值锚也就是劳动力定价。不仅物价的构成是劳动力定价，物价波动的价值中枢也是劳动力定价。因此如果单纯从分析经济现象的角度来看，可以粗暴地认为物价和劳动力定价互为价值锚，但实际上劳动力定价处于核心位置。

实物本身就具备价值锚的功能，实物货币的价值和价格是一体的，实物货币无须讨论价值锚问题。价值锚和价格锚问题主要是针对虚拟价值和信用价值而言的，正是虚拟价值和信用价值在价值和价格方面的分离才造成必须分别探讨价值和价格的理论研究路径。

从理论上来看，信用的价值锚可以是特定的实物，例如黄金，也可以是物价指数，目前的法定信用货币制度是以劳动力定价作为信用价值锚的。如果改换价值锚为黄金，现有的货币机制就都需要做相应的调整。目前来看，采用劳动力定价作为信用价值锚是最好的，只是现有的货币制度和经济机制并没有突出劳动性，经济机制主要围绕竞争淘汰而不是劳动的性质运转，因此尽管劳动力定价是货币价格和经济价格的基础，经济活动过程中的劳动性也体现不出来。将经济机制改造为以劳动为基础，同时将竞争淘汰作为辅助机制，就可以减少贪婪，减少物欲，放弃深挖人性弱点的模式，对于人类的未来发展来说非常重要。

法定信用货币的国际价值锚可以是国际公认的价值标准，也可以是他国的货币，这完全取决于国际货币制度如何设定价值锚。这样的国际价值锚都是外在价值锚。外在价值锚必然随外界环境的变化而变化，缺乏稳定性。而且外在价值锚的适用范围窄，弊端很多。例如，当以美元为国际货币的价值锚时，美国经济好就造成他国经济差，美国经济差就造成他国经济好，这样的价值锚没有客观性和稳定性，不适合作为价值锚。

可以在各国劳动力定价的基础上建立国际单位劳动价值基准，采用国际单位劳动价值基准作为国际价值锚，这样的制度设计就可以改变货币在国际范畴采用外在价值锚的做法。当然，黄金因有确定、持久、可靠的特性是可以作为外在价值锚的，只是需要设计特定的制度才能在现有货币制度中纳入黄金。另外，也可以基于各国的物价指数设定一个基准值作为国际价值锚。在这些可行的方式中最佳的选择还是国际单位劳动价值基准。

第二节 货币的国际价值和国际价格

一、货币的国际价值

任何国家货币具有的国际价值都是和国际价值锚比较产生的结果，所以任何国家货币具有的国际价值都取决于选定的国际价值锚。如果各国都选择黄金作为货币国际价值的参照标准，各国货币相对于黄金交易产生的价格也是各国货币相对于黄金具有的国际价值。在和黄金价格进行比较确立货币价值后，各国货币之间再以和黄金比较产生的价值进行相互比较产生的结果才是各国货币之间的相互汇率。由于两国货币之间的汇率受国际收支和军事政治因素的影响，所以货币相互间的汇率并不等于和黄金的比价，但和黄金的比价是货币国际价值的中枢，汇率围绕该价值上下波动。黄金交易和汇率交易是货币国际价格的跷跷板，各国在国际收支层面出现的损失可以用黄金交易弥补。

如果各国都选择美元作为货币国际价值的参照标准，各国货币相对于美元交易产生的价格就是各国货币相对于美元具有的国际价值。由于美元本身也是货币，所以在这种标准和价值锚模式下，各国货币的国际价值和国际价格是合一的，美元作为价值锚处于和各国货币相对的位置上，由此产生的相对于美元的价值和价格很容易受到美元波动的影响，世界经济的起伏跟随美元动荡。所以美国人才会竭尽全力发展军事和政治同盟，竭尽全力打击对手，在全球范围制造动乱，因为只有这样才能确保美元作为国际价值锚的地位。一旦其他国家的货币在和美元的竞争中胜出成为新的货币价值锚，美元就会和其他货币一样贬值到不可控制的地步。

货币的国际价值锚通常具有黏性。货币的使用习惯和垄断渠道都会导致这一货币因为信用扩张过度不适合作为货币国际价值标准却仍然是货币价值锚。美元就是这种情况。国际货币和金融市场需要一种公认的、公正的、不依赖某一特定国家的、国际性的、独立的价值作为价值锚。黄金、国际单位物价指数、国际单位劳动力定价，都是可以承担这一任务的国际价值锚选项，或者沿用国家货币作为价值锚的现有机制，增添竞争淘汰机制防止垄断也是可行的方法。

二、货币的国际价格

货币的国际价格取决于货币国际价格的形成机制，有什么样的货币国际价格形成机制，就会形成什么样的货币国际价格。货币的国际价格以汇率的方式呈现。汇率是双边比较的结果，汇率形成机制决定货币国际价格的产生方式和实际数值。例如以美元为价值锚的价值和价格是一体的，这样的货币国际定价机制就是以美元为标准定价，其他货币围绕美元定价。如果改变货币的国际定价机制，各国货币的国际价格也会改变。

国际货币的价格和货币的国际价格是不同的概念，任何货币都有其在国际市场上的价格，这个价格就是货币的国际价格，也被称为汇率。国际货币的价格特指现有国际货币制度中具备国际货币资质的货币在国际市场上的价格。

现有国际货币制度中，只有具备国际货币资质的货币才是国际货币，才能用于国际支付结算，不具备国际货币资质的货币无法在国际市场上流通使用。在这种特权制度安排下，只有少数货币才能成为国际货币，用于国际交易支付，大部分货币不能作为国际货币使用，而是必须首先赚取国际货币，然后才能使用国际货币进行国际交易支付。因此在这种制度下，大部分国家的货币其实没有真正的国际价格，因为大部分国家的货币本身不是国际性的货币。

虽然大部分国家的货币有汇率，但这样的汇率不是准确的货币的国际价格，也不能很好地反映货币的国际价值。这样的汇率是由储备的国际货币数量和国际收支情况决定的国际价格，只是相对于美元的定价。大部分国家的货币的国际价格被严重低估，而美元被严重高估。用两个小节从货币的价值锚讲到货币的国际价值和国际价格，就是为了讲清楚现有国际货币制度存在的问题。

第三节　货币国际定价模型

任何国家的货币总价值构成可以表示为：

国家货币总价值＝本币价值＋外汇储备价值＋

黄金储备价值－外债

在这个公式中，黄金因为是中央银行的价值储备，能够在中央银行之间以超主权货币形式流通，因而应被作为货币总价值的构成部分看待。外汇储备虽然会导致本币增发，但作为本国在国际范畴持有的国际货币价值也应被作为货币总价值的构成部分看待。

由于汇率是以国内发行供应的货币为对象产生的货币价格，在国际汇率层面，外汇储备、黄金储备、外债等都会被纳入货币价值的构成要素，因此从国际汇率层面看待货币价值的方式和从国内看待货币价值的方式虽然有不同，但大体是一样的，用公式表示为：

本币价值＋外汇储备价值＋黄金储备价值－外债＝
单位货币价值2×货币供应总量

由于：

本币价值＝单位货币价值1×货币供应总量
＝本币信用价值＋本币债务

单位货币价值1是货币在国内的单位价值；

单位货币价值2是货币在国际上的单位价值，也就是汇率价值。

由此可以得到公式：

汇率价值＝（单位货币价值1×货币供应总量＋外汇储备价值＋黄金储备价值－外债）/货币供应总量

汇率价值＝单位货币价值1＋（外汇储备价值＋黄金储备价值－外债）/货币供应总量

汇率价值是汇率价格的中枢，汇率价格围绕汇率价值波动。

汇率价值由国内和国际两部分内容构成。国内部分由国内单位货币价值或者说国内货币购买力决定，通胀通缩、加息降息、政治经济因素都能对单位货币价值造成影响。国际部分由外汇储备、黄金储备和外债决定。当某国外汇储备不足、外债规模过大时,即使国内单位货币价值稳定,也会造成汇率波动。

从以上公式来看:

(1)对于像美国这样的国际货币提供国来说,不涉及外汇储备和外债问题,外债是内化的,都由国内因素决定,都作为国内因素的一部分受中央银行货币政策的调控。用公式表示为:

汇率价值=单位货币价值1+黄金储备价值/货币供应总量

(2)对于本币无法在国际支付中使用,只能使用美元等国际货币的国家来说,其汇率价值公式表示为:

汇率价值=单位货币价值1+(外汇储备价值+黄金储备价值−外债)/货币供应总量

当本币用美元这样的国际货币进行定价时,必然受到外汇储备和外债规模的影响,汇率是被低估的。这就是美元可以对各国货币发动攻击的理论依据。美元汇率由美国国内经济决定定价,可以轻易获得资金。其他国家的货币价格由国内和国际因素共同决定,外汇只能靠净流入获得。

(3)这种国际货币制度显然是不公平的国际制度,是特权统治世界经济的货币制度。从汇率公式来看,未来的国际货币制度要么建立统一的国际货币,要么采取各国货币平等交易的方式,目前采用的个别国家货币作为国际货币的制度安排具有重大缺陷，也不可持续。

（4）单位货币含有的劳动量在不同的货币中是不同的。发达国家单位货币含有的劳动量多，发展中国家单位货币含有的劳动量少。所以发达国家货币的购买力比发展中国家货币的购买力强很多。发达国家的劳动价值剩余多，利润多，竞争力强，货币价值累积时间长，所以发达国家的货币价值高。无论对于发达国家还是发展中国家来说，在单位货币价值层面上，都是多劳多得，多储存多使用。只要劳动多，劳动创造的价值多，累积的劳动价值多，能够使用的劳动价值存量就多。中国的改革开放也证明了"多劳动，多积累，多创造利润收益的发展道路是适合发展中国家发展的道路"。

（5）不同货币的单位价值不同，这源于劳动力定价不同，如果劳动力定价的标准相同，货币的单位价值就可以进行对比。未来实现全球化和国际化需要采用相同的货币价值锚，这是全球化和国际化必须建立的制度。

（6）在汇率的定价机制中，发展中国家的汇率倾向于被低估，发达国家的汇率倾向于被高估，这种偏好会进一步拉大汇率差，导致国际层面的贫富分化。

（7）由于法定信用货币是信用货币，货币自身的债务和权益是衡量货币的国际价值和价格的关键。任何货币的债务都包括国内债务和国际债务。境外货币区的货币是该国的负债。使用美元作为国际货币时，美元只能购买同意接受美元的国家的商品，如果没有人接受美元，这些钱就只能用于购买美国的商品和资产。因此，海外的美元总量就是美国的债务。从海外的美元总量与对应的美国资产之间的关系就可以看出美元是被高估还是被低估了。如果海外美元过多，美国国内已经没有那么多商品和资产供这些美元购买，那美元就只能贬值才能与美元供应量对应，这个数值是很容易算出来的。

（8）需要强调的是，不管外债还是内债都是构成货币价值的重要因素，但现实中对货币价值和价格的应用，并没有把这个因素考虑在内，因而目前社会上对货币价值和价格的认识有很大的偏差。

第四节　货币的国际定价方式

货币的国际价格俗称汇率，货币的国际定价方式就是汇率形成机制。货币的国际定价方式或者说汇率形成机制主要包括劳动力比价的汇率定价方式、货币公共价值锚定价公式、国际收支平衡定价方式、国际霸权定价方式、自由浮动比价的汇率定价方式、货币篮子定价方式和外汇储备定价方式等。任何货币的汇率可能是几种定价方式结合在一起产生的结果，哪种方式发挥主导作用要看具体的情况，因此货币的国际定价方式也可以被看作影响汇率的因素。

货币的国际定价方式是汇率形成机制的基础，汇率形成机制是构建国际货币制度的基础。根据不同的国际定价方式可以设计相应的国际货币制度，也可以结合各种汇率形成机制的利弊设计更复杂的国际货币制度。美元体系就是掌控美国金融的人为美国利益设计的国际货币制度。

一、劳动力比价的汇率定价方式

各国货币信用价值的内在构成并不统一，但都可以看作对劳动力的定价。各国货币的价值保障基础因国情差异而千差万别，但都可以追溯到对劳动力的定价。因此如果能够统一劳动力价值，就能实现各国货币价值的统一。由于各个国家的劳动力定价不同，因此各个国家的单位货币价值中所含的劳动价值也是不同的，各个国家有自己的劳动力定价，也就有自己的单位货币价值，这可以解释为什么不同的货币有不同的价值。货币的内在价值由劳动价格构成，这是决定货币价格的基础因素。发展中国家和发达国家在货币定价上的差异主要是劳动力定价和劳动力竞争力之间的差异。国家因素、资源禀赋因素等都可以内化为劳动力定价差异，因此劳动力比价方式可以成为汇率定价的基本方式。

劳动力比价方式的货币汇率定价主要由劳动力竞争力决定，也可以看作由两个国家的物价决定。发展中国家的经济能力弱，所以货币定价也比较低。汇率差异实际上反映的是两国间劳动力竞争力之间的差异，具体表现为物价差异，就像一个国家不同地区之间的物价差异。从公式来看，各国货币价值都符合公式：

社会劳动价值剩余总价值＝单位货币价值 × 货币供应总量

也就是说，劳动价值是各国货币价值的基础，各国货币价值之间的差异是劳动价值差异所致，也就是单位货币价值的差异。各国劳动价值之间的差异可以用公式表示为：

各国单位货币价值＝各国单位劳动价值

各国单位劳动价值＝N × 国际基准单位劳动价值

国际基准单位劳动价值是劳动价值的最小单位和基准单位，也是各国货币价值的最小单位和基准单位。通过设立国际基准单位劳动价值，各国的货币价值、经济价值、劳动价值都以国际基准单位劳动价值为基本单位进行度量，国际基准单位劳动价值成为各国劳动价值、货币价值、经济价值的公共价值锚，在此基础上就可以通过国际基准单位劳动价值对各国的单位货币价值进行定价。

国际基准单位劳动价值作为公共价值参照，是公开、公平、公正、公认、权威的价值参照标准，是各国货币使用者、各国的商业银行和中央银行都适用的价值标准。国际基准单位劳动价值的具体数值都是通过实践统计测算的数值，是根据各国劳动价格、物价、汇率、经济结构、资源禀赋、政治经济军事实力及长期影响力统计的结果及其在国际经济贸易中的权重确立的。简单来说符合公式：

$$（汇率1+汇率2+汇率3+汇率n）加权平均 = N \times 国际基准单位劳动价值$$

$$汇率1 = N1 \times 国际基准单位劳动价值$$

$$汇率2 = N2 \times 国际基准单位劳动价值$$

$$汇率n = Nn \times 国际基准单位劳动价值$$

各国的单位货币价值都是基于各国货币供应总量、劳动力竞争力、劳动效率产生的单位价值，这些因素的变化都会改变单位货币价值的数值。在采用国际基准单位劳动价值定价后，单位货币价值将更多地受国际基准单位劳动价值和其他货币汇率的影响，单位货币价值对货币供应总量的影响将更大，也就是国际因素对国内经济的影响更大，这不仅符合国际化的要求，也对国内货币供应形成制约，减少行政干预，给市场自我调节提供了更多渠道。

至此可以对劳动力比价定价方式做个总结，任何货币的价格都以货币自身具备的价值为基础，这个价值就是劳动力定价。劳动力比价定价方式的汇率形成机制的核心基础就是劳动力定价的比较，即劳动力竞争力的比较。商品价格反映的是劳动力竞争力的比较。没有参与国际流动的商品是不会对汇率施加影响的，所以国际化程度越高，汇率就越强势，越稳定。通常在不考虑稀缺性的前提下，一个由100种国际产品创建的汇率会比由10种国际产品创建的汇率强，除非后者的产品具有垄断性或稀缺性，否则在自由竞争体系中其是很难维持强势地位的。

二、货币公共价值锚定价方式

垄断发行的法定信用货币是内生性虚拟价值，在对外交流时需要确立货币之间的相互价值和兑换标准。公共价值标准承担着各国货币、各种劳动价值和经济价值的定价职能，是国际化、全球化安全顺利开展的关键。没有公共价值锚，各国货币和经济的对接将只会是弱肉强食，这样的国际化对于很多国家而言是不公平、不安全的，会严重阻碍全球经济的一体化。

货币公共价值锚的价值是和货币价值同类的价值，不仅能作为货币价值的参照，还可以作为各种经济价值和劳动价值的参照，不仅能作为国家货币和国际货币的价值锚，还是公认的公共价值锚。符合这一条件的价值目前有劳动力定价指数、基准单位劳动价值、基准单位货币价值、物价指数以及具备稳定的内在性质和稀缺性的贵金属。这种贵金属代表的是符合公共价值锚要求的实物价值。这些价值形式都可以作为货币的公共价值锚。

以公共价值锚的价值为标准，各国货币相对于公共价值锚的价值比较产生相对于公共价值锚的货币价格，在此基础上，各国之间的经济、政治、军事、文化交流又对各国之间的汇率产生进一步的影响，由此生成实时的汇率定价。公共价值锚在市场交易中产生的价格就是实际的市场定价，这个价格作为价值的现实值发挥具体的价值锚定价功能。

采用物价指数作为国内价值锚，能够将国内的劳动价值、货币价值和经济价值联系在一起。采用强势国家的货币的价值作为国际价值锚，能够将各个国家的货币价值联系在一起。但将物价指数和国家货币的价值作为价值锚都有局限性和偏好性，不具备统一国内国际劳动价值、货币价值和经济价值的能力。只有将基准单位劳动价值作为各种劳动价值的中枢，也是各国劳动价值共同的单位价值，才能够统一各种经济价值。

三、国际收支平衡定价方式

国际收支导致的货币流入流出是确定汇率的主要依据，流出大于流入承受卖方压力，压低汇率；流入大于流出承受买方压力，提振汇率。国际收支平衡因此可以作为参照标准的价值锚看待。

采用国际收支平衡作为参考标准的定价方式是以两国经济之间的均衡发展作为目标的。当一国经济发展得比较好时，顺差推动货币升值，高定价会将发展动力通过汇率传导出去，带动其他国家发展的同时，也能降低本国物价和发展热度。

国际收支平衡方式没有考虑国家之间的经济水平差距，单纯以国际收支平衡决定汇率定价，并不适用于经济水平差距大的国家之间，所以采用国际收支平衡定价方式时，可以根据国家之间的差异设定收支不平衡允许的浮动范围来解决国家间的差异性问题。

采用国际收支平衡定价方式时，各国应采用同一方式，这样才能在发达国家之间、发展中国家之间、发达国家和发展中国家之间找到各自的动态平衡位置，形成完整的以国际收支平衡为目标的相互作用的体系，只有这样才能产生相对准确的汇率比价。

采用国际收支平衡定价方式的好处是能够清楚准确地

进行数据统计，以两国之间的国际收支数据为标准时，汇率波动始终处于一定的范围内，汇率波动小，只有当影响汇率波动的其他因素在国际收支层面变现后才会影响汇率，消息和假新闻的影响力大幅减弱，虽然汇率反应和数据滞后的关系会加强，但这种方式便于观察、监控、治理，能够防止人为操纵汇率、操纵市场，阻止投机资金凭借资金优势狙击汇率。在这样的体系中，由于不发达国家之间的汇率水平接近，单独一国出现的贬值洼地很容易被全球需求填补。发达国家之间的汇率比价差距不大，浮动范围小，有助于发展实体经济，避免虚拟金融的冲击。所以主要的问题将出现在发展中国家和发达国家之间的汇率比价差距上，而消除这种差距正是国际化发展的动力，也是实现全球化的目标。

尽管各国经济发展水平不同，但以国际收支平衡作为汇率定价机制的好处是公开、公平、公正。不论对于发展中国家还是发达国家而言，采用国际收支平衡定价方式，都有助于各国协调好国内和国际市场，限制过度进口，促进需求在国内和国际均衡配置，推动经济取得发展的同时提升本国竞争力，降低外部依赖性。

国际收支平衡定价方式的本质是由货币购买力和资源禀赋、经济结构差异共同决定的。从国际市场的外因来看，汇率代表本国货币在国际市场上的购买力。本币能从国际市场上采购什么物资、满足国内什么需求都是由本币的国际购买力水平决定的，所以一味地贬值本币换取外汇是非常不明智的做法。本币贬值在扩大出口的同时也抑制了进口，使本国经济的偏好性得到强化，经济结构的扭曲度变得更大，反而对国际市场更加依赖了。从国内市场的内因来看，汇率代表本国经济结构、资源禀赋、劳动力定价在国际市场上的供应能力，只有那些在当前汇率下具有满足外币购买力能力的产品才有供应国际市场的可能。国际收支平衡定价方式的购买力本质表现为出口代表的对方国家货币的购买力和进口代表的本国货币购买力。

国际收支平衡定价方式的汇率形成机制在以国际收支均衡为价值锚的基础上可以表示为：

$$国际收支1 = N \times 国际收支2$$

其中，N是相对的容忍度或者说浮动率，用以调节不同国家之间国际收支差额的幅度。在这样的国际收支均衡程度下，得到的汇率表示为：

$$汇率1 = N \times 汇率2$$

根据以上两个公式，可以将汇率看作对国际收支的平衡和调整机制。N相当于调整系数。假如不顾调整系数硬性要求两个国家的汇率相等，两国的国际收支就难以平衡。

因为调整系数恰恰代表两国在国际收支方面的等级差异，或者说两国国内价格和两国结构差异的比较结果。这就像两个不同深度与宽度的连通器具有相同的连通水平。经济规模、结构、禀赋和体量不同的两个国家通过汇率实现比较优势差异间的平衡。硬性改变汇率，或者说人为改变调整系数，就会重塑国内定价，导致两国的很多商品因为汇率改变无法像原来一样流通，严重的甚至能重塑经济结构。

采用这种方式定价的国家越多，各国之间相互经贸流通的牵扯越多，由此产生的汇率定价越能准确反映国际收支现状。

四、国际霸权定价方式

当前采用的国际货币制度是以核心国际货币的价格为价值锚，即以美元的价格为价值锚，确立其他国家的货币的国际定价。这种方式的问题在于以美元的价格而不是价值作为各国货币国际定价的价值锚，这样产生的汇率偏离价值太远。美国经济好、美元强势时，其他国家的货币价格被低估；美国经济差、美元弱势时，其他国家的货币价格被高估。美元本身作为债务货币其价值可能为负，采用政治、军事结盟方式维持美元价格会导致全球货币定价扭曲。这种以政治、军事、国家竞争力为基础在国际货币制度中确立本国货币的定价方式就是国际霸权定价方式，由于本书在多个章节都有对美元霸权的具体分析，此处就不再展开分析。

五、自由浮动比价的汇率定价方式

货币之间的相互比较价格可以浮动也可以固定，本质上最终都要在经济层面反映其影响。所以自由浮动的汇率制度等于给经济体设置了一个调节器，这个调节器的好处是可以通过汇率调节国内经济，坏处是通过汇率也能破坏国内经济。调节器究竟发挥正面作用还是负面作用不确定，总之有得必有失。

自由浮动比价的汇率定价方式的本质是供需市场交易定价，在货币供应一定的条件下，市场需求决定货币价格，在货币供应大幅起伏的条件下，市场供需通过交易寻求价格中枢。从这种供需定价方式来看，汇率升值就是财富向这种货币转换的结果，汇率贬值就是财富离开这种货币的结果。经济单位卖出一种货币买入另一种货币的行为就是一种转换行为，在货币供应一定的条件下，这种转换必然是财富从一个经济体流向另一个经济体。当市场对某国货币的需求增加时，该国货币的汇率走强。同样的道理，推动某国货币的汇率走强就能吸引资金流入。所以通过维持强势货币的政策确保汇率被高估，吸引资金长期投资，人为建构出市场需求，就是美国的把戏。

在自由浮动比价的汇率定价方式中，货币供应量是基础，债务是决定价格的主要因素，但不是唯一因素。货币供需是个集成概念，政治、经济、军事、社会、文化等很多因素都会影响货币供需，都会对汇率定价产生影响。自由浮动比价的汇率定价方式中汇率波动幅度很大，例如中东难民涌入欧洲就可能造成欧元贬值，韩流在全球传播就可以提振韩币。这种方式是市场自由交易方式，需要参与方放开外汇管制，由供需双方通过市场交易发现价格。这种方式的本质是汇率通过供需反映，价格包含一切。因此这种汇率定价方式也是最容易被金融资本操纵的方式。

采用自由浮动比价的汇率定价方式需要设定公共价值锚，这样才能避免汇率过度波动。基于不同种类的价值锚可以建立不同的汇率形成机制。目前以美元作为公共价值锚的方式只是其中的一种。设定公共价值锚可以防止过度贬值。有些国家的货币在遇到狙击时在一周时间内贬值20%，这都是不正常的现象。采用美元作为价值锚只会加重市场波动，因为金融攻击主要来自美国的金融资本。

由于自由浮动比价的汇率定价方式的机制基础是货币自由流动，而这种自由流动的本质是本币数量的增减和本币单位货币价值的增减，所以当流动金额很大时会对本国货币供应和单位货币价值造成直接的影响。这是这种方式很容易引发金融狙击和金融投机的原因。

自由浮动比价的汇率定价方式是竞争定价，竞争定价是各国劳动力定价的竞争、产业链效率的竞争、科技准备水平的竞争、资源禀赋的竞争、政治效率的竞争、军事实力的竞争、文化传统及文明程度的竞争等。通过竞争能找到合适的相对货币汇率。

六、货币篮子定价方式

货币篮子定价方式是根据各国经济往来的权重设定汇率定价比重，由选定为本币汇率形成篮子的货币按照设定汇率定价比重经加权平均测算得到汇率值的方式。

货币篮子定价方式是介于固定汇率制度和浮动汇率制度之间的汇率制度，借鉴了固定汇率制度的稳定性，又兼顾了自由交易比价的价格发现功能，是兼具两者优点的汇率定价方式。可以根据对外贸易交流的重要性选择货币进入篮子，根据重要性排序制定权重，这样构建的篮子和本国经济的相关性高，能够反映对外交流的现实，汇率的定价更准确。这种方式需要以自由交易比价方式生成的汇率为条件，如果自由交易比价方式生成的汇率不准确，那么这种方式生成的汇率也不可能准确。

七、外汇储备定价方式

依据外汇储备和外债规模对汇率进行定价的方式看起来不可思议，因为一个国家的财富怎么可以仅仅凭借外汇储备和外债规模来衡量呢？这种定价方式是黑暗森林法则的代表，索罗斯狙击英镑、狙击东南亚各国货币都是采用这种方式定价的。

国家的外汇储备代表的是国际购买力总值，当外汇储备不足以满足进口需求和偿还外债时，就相当于在国际市场上没有钱付账，此时只有通过出口和外来投资获取外汇，因此外汇储备可以影响汇率价格。外汇储备紧缺导致本币汇率大幅贬值，整个经济体的劳动力和资源价格因此被低估。外汇储备就是外汇的流动性，外汇储备定价方式是流动性定价方式。

美国不受外汇储备的束缚，不断地制造各种危机，打压其他货币的汇率，低价获取他国的资源和产品，这也是美国人说美元是美国最具威胁性的武器之一的原因。

第五节 汇率的性质和特点

法定信用货币是信用货币，货币自身的信用、债务和权益是从内因角度衡量货币国际价值和价格的关键。不同货币之间汇率价格差异的本质是经济体的差异，是劳动力定价的差异，是竞争力的差异。汇率反映一个国家整体的劳动力竞争力和货币供应情况。

在法定信用货币制度中，国内的货币体系是封闭的，也是独立的，不同货币之间具有不同的体系封闭性，不同货币之间通过汇率定价建立联系，汇率既是对不同货币之间价值差异的调整，也是财富流动的结果。货币通过在不同货币区之间的流入流出以及供应增减的方式影响经济活动。在本币货币区的资产负债表中，不论外币还是本币，流入被视为财富增加，货币供应相应增加；流出被视为财富减少，货币供应相应减少。

影响货币国际价值和价格的因素很多，政治、军事、经济、社会等因素都可能对汇率产生影响，国家发生危机或政局动荡更会导致本币贬值。汇率受到金融市场和实体经济的双重影响，有时跟随金融市场波动，有时跟随实体经济波动。降低汇率波动性能够稳定实体经济，减少金融冲击对实体经济的影响。汇率是国家货币和外币的比较价格，是国家劳动力、资源、竞争力、信用等国力因素相对于其他货币的定价，因此汇率变化对本国经济的影响很大，也正是因为如此，汇率常常成为投机资金攻击经济体的实施对象。

汇率是双边比较产生的货币价格。在双边比较中，各国货币互为价值锚。一国汇率升值等同于对应国货币汇率贬值。贬值和升值都是相对而言的，因此汇率在某种程度上是货币之间博弈的结果。一国货币相对于另一国货币的汇率波动，会影响两国之间的经济往来。法定信用货币是主权垄断货币，各国的货币供应是内生的，因此货币流动和货币兑换是货币供应数量的变化，一国的流入对应另一国的流出，总价值守恒。

汇率是一国货币加入国际货币体系必须做出的让步和付出的代价。汇率被低估是进入国际货币体系的入门证，只要具有竞争力，汇率总会升上去。向国际货币体系提供产品表明有能力创造外汇收入，向国际货币体系提供需求表明有能力促进国际化发展。在国际货币体系中的相对竞争力不够时，就只能通过贬值销售产品。汇率是国内经济和国际市场的联系纽带，因此汇率是影响经济的辅助性因素，而不是决定经济的工具。汇率和经济之间的影响是相互的，因此应建立相应机制防止汇率暴涨暴跌。

汇率作为货币的国际价格，其波动的本质是货币价值的波动和货币定价的变化，全球化的深入发展能够缩小汇率之间的差异和经济体之间的差异。汇率的主要功能除了货币兑换就是调节国际收支。当前以美元为主的自由浮动汇率机制并没有发挥好调节国际收支的功能。各种货币之间应是相互竞争、合作的关系，是对立统一的，但目前的国际货币制度只强调竞争，没体现合作，因此是有偏颇的。

第六节 汇率制度的种类和特点

目前，汇率制度主要分为浮动汇率制度和固定汇率制度。可以根据汇率的定价方式设计符合要求的汇率制度。

浮动汇率制度的核心基础是价格和自由交易，固定汇率制度的核心基础是价值和金融理论。浮动汇率制度的基本对象是市场机制，固定汇率制度的基本对象是双边各国。

一、浮动汇率制度

浮动汇率制度的货币价值表现为货币价格的浮动变化，这种浮动变化通过汇率定价影响国际收支和本币供应，进而影响国内经济的运行。浮动汇率制度的自由交易定价方式对经济体的影响是不确定的，汇率波动可能有助于经济发展，也可能阻碍经济发展，汇率浮动能调整经济体之间的差异，使双方互补发展，也能因为大幅波动使财富流动而对经济体的正常运行造成伤害。因此适当地限制金融投机，放弃部分投机工具，管理好信用和债务，缩小波动范围，可以实现金融助力经济发展的目的。如果一味地大力发展金融使之凌驾于实体经济之上，结果是经济虚拟化、信用债务化和金融主导实体经济，沿着这样的方向走下去是没有未来的。

浮动汇率相当于减震器，汇率主动调整能减少经济体被迫调整的问题累积。经济、社会、政治、军事等的各种影响都可能在汇率层面通过一定的波动反映。汇率主动做出浮动的调整方式可以大幅降低经济内在调整的压力，由此表现为经济体本身相对稳定，汇率波动则可能比较频繁。当然这是理想的汇率浮动调节方式，现实中发生的情况往往是，金融投机者成为操纵汇率获利的做市商，利用经济、社会、政治、军事等各种事件在货币金融市场兴风作浪，通过汇率波动赚取差价，而各国只能被迫在扭曲的汇率定价上开展经贸交流。金融投机资金主导下的外汇市场和外汇定价必然是高频大幅波动的。金融投机资金的来源国必然把本币视为价值锚保护好。自由交易比价和浮动汇率制度原本是很好的制度，但在金融投机资金和国际霸权结合的情况下就变成会吃人的恶魔。

浮动汇率是货币价格的市场化浮动，市场交易方式使得货币像商品一样采用市场定价进行流通。汇率波动不仅是经济状况的表现，也是市场偏好、使用习惯、情绪等因素的放大。汇率波动对大型经济体的影响不大，对小型经济体的影响很大。虽然通过市场交易确立的货币价格比通过固定汇率确立的更准确，但这种将货币价值价格化的做法有一定危险，因为违背了货币价值应保持稳定的基本要求，在这种情况下，货币可能退化成商品，货币的保值功能可能也会弱化。

浮动汇率通过短期交易决定价格，在实时买卖力量对比中，可以通过资金实力和交易密度决定汇率定价，而不是由经济的实际情况决定，因此浮动汇率制度，特别是自由比价方式产生的汇率很容易被操控，只要有足够的货币用于交易就可以决定当前价格和未来趋势。例如汇率定价以美元为价值锚时，美国不仅拥有最多的美元，而且能通过举债不断创造美元，因此任何国家的金融机构都无法在美元交易中与美国的金融资本相抗衡。美国的投机商可以无所顾忌地使用美元，其他国家的金融机构受限于外汇储备，并不敢投入大量美元用于交易只能被动跟随。这是索罗斯敢于和英格兰银行对赌的主要原因，也是美国在全球金融交易中大力推行美元定价的主要原因。同样的道理，美国的投机者来香港炒作人民币时，因为他们的人民币持有量有限，所以难以左右人民币的价格。

在浮动汇率制度下，对于非国际货币国而言，外汇储备的数量可以决定汇率定价，进而决定经济体的整体定价。发展中国家的经济体量小，产业体系不完整，对外依赖性强，因此汇率很容易受到外汇储备的影响。一旦本国外汇储备下降到一定程度，本币贬值的压力就变得非常大。任何国家的汇率都应由本国经济实力这个内因决定，将本国经济的定价权交由外因决定就难免受制于人了。

自由比价方式的浮动汇率采用竞争价格发现机制，这种方式总是沿着波动的道路发现价格，以更多的波动来解决波动产生的问题，要真正修正这种方式，要么限制自由交易，要么限制浮动幅度，要么将自由波动方式的定价转为管理方式的定价。法定信用货币是主权封闭垄断货币，任何国家的法定信用货币都以本国经济为基础确定其价值，不可能同时兼顾国内和国际两方面的责任。一个国家只能以国内数据为基础确立货币政策、利率和货币供应的数量。当一个国家的货币同时也是国际货币时，依据国内数据制定的货币政策对单位货币价值和货币供应总量的影响会传导给使用该货币的国家，特别是在浮动汇率制度下，国际货币的货币政策通过自由交易定价方式对使用该货币的经济体产生直接的影响。这就是美元影响世界的基本方式，也是全球都紧盯美联储一举一动的原因。而这种全球性的跟随同时助长了美元兴风作浪的能力，汇率定价因此扭曲得更严重。

采用浮动汇率制度需要具备的条件是货币自由流动、贸易和投资自由流动，这样才能实现真正的货币竞争和浮动交易定价，才能通过资产和贸易等不同层面的货币流通发现价格。任何一部分被限制都会扭曲价格。浮动汇率制度要求有强大的资本市场和产品供应来吸纳流动性，在货币自由流动时发挥旅店的作用让游资暂时停留，否则流动性回流实体避险时不仅对经济的冲击大，而且会扭曲各种经济元素，对经济发展造成很大的危害。

浮动汇率制度的本质是货币自由博弈。如果人民币和美元相互竞争就不可能同时升值。如果在美元加息周期中人民币也力主升值，跟随加息和美元竞争，那么可以抵消美元升值的部分影响；如果不跟随加息，美元就会升值，人民币就会贬值，这种情况下就要承受被薅羊毛的结果。浮动汇率制度还是把双刃剑，对实体经济的影响体现为要么低估、要么高估国际经贸的所有价格。汇率波动的不确定性会影响经济长期发展的预期和方向，降低经营投资的意愿，引导经济脱实向虚，削弱实体经营信心。

浮动汇率制度对金融交易投机者来说却是天堂。金融通过对资产入股、资源控制和交易定价这三种方式将实体经济的命运掌握在银行家的手中，金融服务业成为主导实体经济定价的产业，很多大宗商品因此带有金融属性。严重影响实体产业的利润率，对实体经济的稳定也有很大的伤害。自由兑换的汇率形成机制会造成汇率的高频波动，因为随时随地的供需交易都会影响汇率。汇率作为一个国家劳动力和资产的整体定价，其定价由国际收支的短期流动决定是不妥的，因此限制汇率波动是脱虚向实的关键。

二、固定汇率制度

在固定汇率制度中，汇率之间的比价是固定不变的，固定汇率相当于稳定器，国家之间的经济差异不能通过汇率进行调整，只能在经济体内进行自我调整。所以在固定汇率制度下，经济本身的波动性会比较大，国际收支流动产生的影响不通过汇率调整，经济发展产生的问题在经济和社会层面显化，主要通过价格调整的方式解决。

固定汇率制度按照固定汇率兑换货币的模式相当于两个不同水池中的连通阀，一个水池中的水增加后很容易分给另一个水池。浮动汇率制度则更像是浮标，是两个经济体以外汇均衡点为基础的平衡器，货币流出多时压迫汇率走低，货币流入多时推动汇率走高，以平衡位置引导外汇流动，调节两个经济体之间的关系。

固定汇率制度是将国家的劳动力和资产作为整体在国

际层面与其他国家的货币兑换，国际收支的货币流动只能在国内定价和需求上反映，这样就会低估本国货币，在国际收支影响没有出现广泛的传导前，国内物价不会上涨，因此也不会对固定汇率比价造成影响。只有当外汇储备充足、国内物价普遍上涨时才会给当前的固定汇率比价造成升值压力。这与浮动汇率制度主要以实时汇率波动微调国际收支和外汇储备的方式不同。在浮动汇率制度中，各种因素都可能影响汇率，导致劳动力定价和资产定价不停波动，进而调节外汇收支，资金投机者一旦发现汇率高估或低估也会参与炒作，这种以国际收支和外汇储备为定价参照的汇率形成机制必然导致汇率频繁波动。

固定汇率制度和浮动汇率制度的差异性造成了这样一种事实：偏好金融的国家倾向于通过金融市场的大幅波动获利，偏好实体发展的国家需要稳定的汇率和货币环境谋求经济长期稳定发展。降低汇率波动幅度和减少投机成分可能是双方都能接受的，毕竟以资金实力决定整个经济体的定价并不合理，通过辛勤劳动取得的发展成果不能在市场交易中拱手送人。

固定汇率制度不是汇率绝对不做调整，而是在一定条件下维持固定。在固定汇率制度中外汇储备减少同样会冲击固定汇率。可以说固定汇率制度需要外汇储备去维护，外汇储备是检验当前固定比价是否合理的标准。当前的汇率比价如果导致外汇储备下降，说明本币被高估，需要适当贬值本币。当前的汇率比价如果导致外汇储备长期大幅增长，说明本币被低估，需要适当升值本币。人民币兑美元从20世纪90年代的8∶1逐步升值的过程就体现了固定汇率制度下外汇储备和国际收支的这种关系模式。如果即使经济发展了仍然固执地坚持汇率固定不变，那么经济发展的动力就会变成经济发展的阻力。汇率下降会促进出口，吸引大量外来投资，推动通胀持续顽固地反复发作，以调整国内物价的方式对冲汇率低估。我国的经济发展自2000年后经历了几次汇率上升和通胀周期就是这个原因。

固定汇率制度不以平衡外汇收支为目的，货币流动以货币供应增减的方式影响国内经济。这种经济运行方式的好处是没有了汇率浮动，货币价值变化主要从国内物价层面反映。经济体不容易受到汇率波动的冲击。国际收支不论顺差逆差都直接调整国内经济体而不是调整国际收支。此时，实体经济能够得到发展，进而借助物价上涨的传导扩散能力取得社会的普遍发展。即使出现金融危机和经济危机，也主要发生在国家内部，不会凭借汇率波动传导给其他国家，因此固定汇率制度更适合发展中国家。

采用固定汇率制度要求能够管理好国内的货币金融市

场和实体经济的运行。发展中国家以出口为主,汇率下降有助于出口和吸引投资,能够取得较好的发展。发达国家需要兼顾出口和进口,因此需要更均衡的货币价格,这也是发达国家倾向于采用浮动汇率制度的原因。固定汇率制度有利于出口不利于进口,单纯发展出口的国家迟早会发现低估货币价值并不划算,以国际收支为平衡点的均衡发展更符合所有国家的利益。

采用固定汇率时,应盯住和本国经济发展模式相似的货币,或者盯住和本国经济往来密切的货币,或者盯住经济体量大、产业结构完善的国家的货币。以发展实体经济为主的经济体盯住美元,就不如锚定欧元或者人民币。从这个角度来看,我们也就能理解为什么货币篮子定价方式比固定汇率方式更好。

盯住汇率或联系汇率是固定汇率制度经常采用的方式。盯住汇率是将汇率和选定的货币保持固定的汇率比价,跟随盯住货币浮动的汇率制度。盯住汇率要盯住某种货币,而不是盯住所有货币;是跟随盯住的货币浮动,而不是固定不动。盯住主要经贸伙伴的货币可以稳定汇率,对外有助于出口进口稳定增长;对内有助于商品价格稳定,减缓通胀压力。在盯住汇率制度下,如果汇率长期被低估,就会导致本币长期出超和外汇储备充足,从而导致国内物价持续上涨。港币采用联系汇率长期盯住美元就会出现这种结果。香港在本币长期出超的格局中累积了大量美元，这些美元转化为港币，导致港币供应增加，进而香港的内在需求也随之增长，同时本地需求的持续增长又带动本币信用和债务的增长，从而推动工资薪酬和物价持续增长。港币盯住美元相当于以美元为价值锚，这种方式使港币市场和美元市场紧密结合在一起，实现双方市场和经济周期的一体化，从而维护自身经济体的稳定和流通顺畅。这种方式的优点是能够和主要经济体保持一致，缺点是货币价值锚国家的问题会传导给自身，依赖太强丧失主动权。港币联系汇率制度的本质是固定港币单位货币价值和美元的比值，通过货币供应层面反映经济发展水平和劳动价值。由于港币和人民币往来的紧密度更高，在人民币升值的情况下造成港币汇率被低估和物价长期上涨的局面。香港坚持采取联系汇率制度的原因在于美元是全球最主要的货币价值锚，因此盯住美元无可厚非。如果香港想改变现有汇率制度兼顾人民币的影响力，那么采用货币篮子定价方式按照权重纳入美元和人民币是不错的选择。这种做法的核心是适当提升港币汇率，这样就不用供应那么多港币了。

第五章
国际收支及其平衡

第一节 国际收支概述

一、收支统计和收支平衡

收入和支出统计是以货币为对象,从货币流动的收入支出角度看待经济活动的方式。收支平衡是收入和支出保持均衡的状态,是从收支层面度量经济活动的模型。从独立经营核算的角度来看,任何封闭的独立核算单位都涉及收入和支出统计以及收支平衡问题,个人如此,家庭如此,企业如此,城市如此,国家也如此。个人、家庭和企业的收支平衡核算比较常见。城市作为现代社会的主要地区单位,也可以开展城市级别的地区收入支出统计和收支平衡核算,可以从货币逆差顺差的角度看待城市的竞争力水平和财富的增减。本书中的收入支出统计和收支平衡核算针对的是政府的收入支出。对整个地区进行以辖区为独立单位的收入支出统计和收支平衡核算有助于了解当地经济发展状况。

二、国际收支

国际收支是一国对外经贸的所有货币收支。国际收支分为国际收入总值和国际支出总值两个部分。

国际收支主要由国际贸易、国际信贷、国际劳务服务、国际投资、国际捐赠馈赠等内容构成,用公式表示为:

国际收支=国际贸易+国际信贷+国际劳务服务+

国际投资+国际捐赠馈赠

国际收支衡量的是国家间以货币计量的经贸往来。当独立地看待国际收支时，国际收支相当于另一个货币供应机制，起到与中央银行货币供应类似的作用。国家的经济可以分为国内和国际两个部分，在制定经济政策时需要分别看待。

国际货币代表需求，国际商品劳务代表供应，虽然国际经济和国内经济使用的货币不同，但两个体系是相互影响、相互作用的整体，可以分别看待但不能分割。

国际收支的本质是以外币衡量国家整体性的对外权益负债情况。A国的货币流入B国，A国的劳动价值储备就流入B国。由于货币是主权性的，货币记录了劳动价值的归属，所以A国的货币流入B国就是以法定信用货币表示的A国欠B国的债务。这些留在B国中的A国货币需要被A国收回才算两清。法定信用货币的主权性在国际层面就表现为每个国家都应对本国的主权货币负责，而不是自己超发货币挤占其他国家的信用，不承担本币的信用责任。

一个国家的国际收支反映该国的国际依赖程度。流出额反映对国际供应的依赖程度，流入额反映对国际市场需求的依赖程度。国际收支水平是衡量国家国际竞争力、汇率、外汇储备的重要指标，既能反映本国经济在国际层面的竞争力，也能约束国内举债投资等经济行为。当一国出现国际收支逆差时，逆差国需要降低债务，提高本国经济的国际竞争力，增加出口以争取国际收支平衡或顺差。

从国际分工合作的角度来看，国际收支不可能是平衡的，有的国家长期逆差，有的国家长期顺差，这是由国际分工结构决定的，也是由各国的经济和社会发展水平决定的。发达国家和发展中国家之间的差异、行业发展水平之间的差异、资源禀赋差异、劳动力定价差异、科技装备水平差异、文化传统和价值偏好差异等是牵引国际经济运行的动力。但是从国际收支的角度来看，国际收支平衡是各国应承担的国际责任和应追求的目标。

第二节　国际收支平衡

国际收入大于国际支出产生顺差，国际收入小于国际支出产生逆差，国际收入等于国际支出实现国际收支平衡。国际收支平衡也是国际收支的标准模型，用公式表示为：

$$国际收入 = 国际支出$$

国际收支平衡是国际经贸投资等货币往来行为不对本

币产生影响的状态，也就是不影响本国的货币供应量和外汇储备，只影响经济规模及其收益。

国际收支平衡是不产生货币增减的基准，理解这个基准的含义是理解国际经贸的关键。国际收支平衡是货币流出流入产生利弊影响的集合，是兼顾国内和国际利益的集合。国际收支平衡的状态是收益比最大的状态。西方使用均衡这个词来描述这种状态，其实用集合更为准确。

两国之间的国际收支关系是货币的零和博弈关系，一方的盈余顺差是另一方的赤字逆差。顺差增加国内的货币供应，逆差减少国内的货币供应。由于货币供应的增减会对经济体造成直接影响，因此保持国际收支平衡能够在扩大总需求的基础上保持物价稳定，这样对经济长期稳定发展有好处。

由于各国都采用法定信用货币，所以说国际收支平衡的本质是不能以货币形式欠债。货币流出境内后就成为外债，任何国家持有本国的法定信用货币才比较放心，持有外国的法定信用货币并不可靠，所以国际收支平衡应成为各国对本币负责的国际原则。

对于本币是国际货币的国家而言，该国在境外的货币是该国的负债，只有向外国提供商品和劳务才能收回这些货币。也就是说，当一个国家持有他国货币时才出现国际收入，如果一个国家没有持有任何国家的货币，那么该国就没有创造实际的国际收入，这样的国家只有外债。理解这个概念非常重要。以美元为例，美国因为大量进口导致美元输出境外，造成逆差。美国出口赚取的不是别国的劳动价值而是自己国家的美元。各国持有的美元只是一张借条，当美国不想承担责任时便一文不值。美国仍有大量借条在境外需要收回，这个国家没有真正为国际社会创造过劳动价值，只是用出口收回了透支在外的部分美元而已。境外的那些美元也是美国举债透支输出的。美国不仅没有为国际社会提供劳动价值，而且一直在盗取他国的劳动价值。各国的美元外汇储备就是美国的债务，这种不平衡越严重，全球经济的危险程度就越高。这一切都是美国妄图不劳而获称霸世界造成的恶果。

从国际收支平衡的角度来看，顺差和逆差都是不平衡的，一方的顺差必然是另一方的逆差，不平衡最终对顺差和逆差双方都会造成不利影响。虽然对于顺差国而言顺差是有利的，但逆差国的问题最终会影响到顺差国。在全球化的体系中，要从整体的角度来看待平衡，而不是单纯地只顾自己。因此追求整体平衡也是在维护世界和平，实现共同发展。

在全球化的前提下，一个国家保持国际收支平衡很难。

每个国家之间的差异很难弥补，只能在整体层面追求平衡，因此国际收支不平衡在局部保持容忍是必要的，国际收支平衡应该设定有许可的浮动区间。

第三节 国际收支结余

国际收支无论呈现顺差还是逆差状态都会有结余，称为国际收支结余。

国际收支逆差＝国际收入总值－国际支出总值（负数）

国际收支顺差＝国际收入总值－国际支出总值（正数）

任何一个国家与其他国家之间的国际收支都可以表示为：

国际收支结余 A ＝国际收支结余 $A1$ ＋国际收支结余 $A2$ ＋国际收支结余 $A3$ ＋国际收支结余 An

国际收支结余 A 为本国国际收支。国际收支结余 An 为外国和本国经贸往来的国际收支结余。

国际收支结余应作为国内货币供应的一部分来看待，顺差盈余性的国际收支相当于增加货币供应，逆差亏损性的国际收支相当于减少货币供应，国际收支结余额也是国际收支影响国内货币供应的具体金额。保留外汇储备相当于外汇产生的货币供应长期化。国际经贸是国内经济的调节工具，要用好这个调节工具，使之成为推动国内经济发展的发动机。

国际收支顺差是国际收支相抵后，结余净流入呈现盈余的结果。顺差就是获得国外的购买力，因此在国内的外汇占款增加，导致货币扩张。当国际收支处于顺差状态时，说明本国经济相对于外部经济体有明显的竞争力，持续顺差可能造成货币升值。

国际收支逆差是国际收支相抵后，结余净流出呈现亏损的结果。逆差就是将国内的购买力交给外国，因此在国内的外汇占款减少，导致货币供应紧缩。当国际收支处于逆差状态时，说明本国经济相对于外部经济体缺乏竞争力，持续逆差可能造成货币贬值。

由于国际收支是博弈的，一方的顺差来自另一方的逆差，因此国际收支不平衡会在顺差国创造过多货币，同时在逆差国紧缩相应的货币供应，相当于两国之间资产负债表中的借贷双方。虽然顺差国暂时受益，但这种状态如果持续下去逆差国越来越弱，不仅不能给顺差国继续提供需求，还可能造成社会问题和安全问题，从而影响到顺差国。因此从人类命运共同体的角度来看，博弈是相互伤害的模式，平衡才是长治久安之道。只有人类共同发展共同进步才是最优策略。

国际收支的不平衡问题，本质上是货币定价和劳动力定价问题。经济活动是不同经济主体之间的竞争，而货币定价、资源定价、商品定价、劳动力定价等，都是这种竞争的反映。货币定价和劳动力定价通过经济主体之间的竞争反映在货币定价、资源定价、商品定价、劳动力定价等各个方面。所以不同的货币定价和劳动力定价是对不同竞争力的调节。采用浮动方式的货币定价和劳动力定价有助于协调各个经济主体的发展。投机特别是金融投机，虽然对价格发现有帮助，但其起到的危害作用也是不容忽视的。

第四节 不同货币制度下的国际收支机制

一、实物货币制度下的国际收支机制

在实物货币制度下，各国使用的实物货币相同，例如都采用黄金白银作为货币，黄金白银相当于共同货币。在这种制度安排下，以国家为单位进行统计核算时，国际收支顺差表现为海关统计的实物货币流入，国际收支逆差表现为实物货币流出。实物货币流入带来通胀，实物货币流出导致通缩。物价成为调整国际收支的关键因素。通胀导致的价格上升会降低国家的国际竞争力，通缩导致的价

格下跌会提高国家的国际竞争力，国际收支的顺差逆差和国内物价的通胀通缩紧密联系在一起，表现为经济的周期起落。

二、金本位制度下的国际收支机制

在金本位制度下法定货币的供应和黄金储备挂钩，法定货币和黄金可以自由兑换，因此金本位制度是放大供应量倍数的实物货币制度。金本位制度下的国际收支与实物货币制度下的类似，只是流入流出的货币换成和黄金挂钩的美元。各国货币都参照美元定价，美元因此也被称为美金。

国际贸易中有外汇盈余的一方流入美元，美元储备增加，本国货币供应增加，经济发展，物价上涨。外汇亏损的一方美元流出，美元储备减少，本国货币供应缩减，经济发展减速，物价下跌。由于经贸和货币流动的影响是双向的，所以美国经济增长影响他国的同时，也受他国经济增减的影响。

该货币制度设计的核心有两点：一是美元和黄金按照固定比率兑换；二是其他货币和美元挂钩。美元和黄金按照固定比率兑换相当于黄金价格被固定。虽然其他货币和美元挂钩，但美国并不能监管控制其他国家货币供应。所以当其他国家超发货币时，黄金价值会被摊薄，各国可以利用超发货币和自由兑换机制套取黄金。正是这样才导致金本位制度解体。

其实，当时如果各国都施行金本位制度，都根据本国的黄金储备发行供应本国货币，同时放开黄金价格自由浮动，这样的制度设计远比由美国盯住黄金，各国货币和美元挂钩的制度安排更可靠。虽然英国曾竭力反对美元金本位制度，但在世界领导权之争中美国胜出，美元也因此登上霸权舞台。

三、法定信用货币制度下的国际收支机制

法定信用货币制度下的国际收支体系相当于另一个独立的货币供应机制。因此对于任何本外币货币区，都有两套货币供应机制。一套由中央银行掌握，一套由国际收支系统的本币和外汇流入流出决定。对于本外币货币区而言，两套货币供应机制同时运作，并按照各自的系统机制对经济发挥作用。但是对于不使用外币的本币货币区而言，例如美国，就只有中央银行的货币供应机制发挥作用，不会出现本币和外币博弈以及本外币货币区内两套货币供应机制相互影响的问题。

当国际收支处于平衡状态时，国际收支货币供应机制不产生作用，此时外汇和本币的流动不会在货币供应层面对经济产生直接影响，也不会影响外汇储备进而影响汇率。这种情况相当于本国经济体和外部经济体之间的竞争

最弱，处于最和谐的状态。当国际收支处于不平衡状态时，顺差作为外币净流入，增加国内的货币供应；逆差作为外币净流出，减少国内的货币供应，因此不仅影响本国的货币供应，还直接影响外汇储备和汇率，由此造成的结果就很难估计。

第六章 国际货币制度设计及其未来

第一节 国家货币作为国际货币的制度设计

国家货币作为国际货币是目前的国际货币制度，但这种方式被美国搞坏了。究其原因就是没有建立平等的竞争机制，没有形成统一规范、有强制保障作用的法律制度。

国家货币作为国际货币的制度安排中，核心机制是竞争。竞争不仅让货币供应和货币价值保障更有效，也为货币的使用者提供了多元选项。竞争让供需双方处于平等的地位，国际货币的使用者作为需求方，能够自主地选择符合自身需求的国际货币，而不会因为结算渠道被控制，被迫选择某种货币，也不会因为被霸权操纵而不得不选择某种货币，更不会因为别无选择而只能选择某种货币。竞争的目的就是从货币的供应端消除法定信用货币带来的垄断和可操纵造成的危害性，从需求端保障需求方的各项权利，体现货币的公共性和社会性。所以竞争性的货币制度至少需要三种不同国家的货币同台竞争，构成国际货币的多元选项。

在国家货币作为国际货币的制度安排中，要保障平等竞争机制顺利发挥作用，就要建立公开、公平、公正的市场规则和公共性的市场设施。如果市场规则偏向某种货币，市场设施就会由货币提供国控制，竞争机制做不到公开、公平、公正就难以发挥效用。交易支付系统和汇兑结算清偿追索机构都是货币基础设施，要建立公开、公平、公正的货币竞争机制，货币基础设施就必须是中立的，就必须体现货币的社会性和公共性，就必须由独立的机构按照法律规则运营货币交易。正是因为目前的国际货币基础设施由美国控制，所以美元才能独霸世界。

在国家货币作为国际货币的制度安排中，必须建立由各国中央银行参与的全球货币金融监管机构。该机构不仅负责国际货币的筛选、确认，也负责对各成员国进行监管，负责国际货币金融法规的制定和协商，负责国际货币金融纠纷的解决。

在国家货币作为国际货币的制度安排中，货币供应由逆差国提供的情况难以长久。在采用多个国家货币公平竞争的机制安排中，通过逆差向国际市场供应多的货币保值性差，用于计价和储备不划算，所以主要用于支付。这种国际货币制度中货币的计价、支付、记账、价值储备功能分别由不同货币承担，国际货币金融市场因此以良币驱逐劣币模式运行，迫使逆差国严控货币供应，从而保障本币价值。

在法定信用货币制度下，货币是主权性的、封闭垄断的，货币价值是信用形式的。在这样的货币形式下，采用国家货币作为国际货币时，为保障货币持有国和使用国的权益，必须建立相应的国际货币制度来确保国家货币作为国际货币。国际货币提供国须符合国际货币的要求，遵守货币规章制度和金融监管规则，保障持有国和使用国的权益。作为国际货币的国家货币必须接受监管，服从规则约束，这是国家货币成为国际货币的前提条件。国家货币享受作为国际货币权利的同时，必须承担相应的国际货币义务。国际货币的国际持有者和国内持有者的权利是平等的，目前的美元只享受权利，不尽义务，因此不是一种合格的国际货币。

在采用国家货币作为国际货币的制度安排中，国际货币制度需要建立淘汰机制，不能达到国际货币要求的，不能作为国际货币使用。美元的债务和逆差都远超平均水平，早已不适合作为国际货币。如果国际货币制度不建立淘汰竞争制度，美元作为国际货币就能够利用其国际货币地位和本币优势冲击其他货币，保持美元被高估的形势，并不断增发债务扩大逆差，这种做法就像给黄金掺假，通过稀释货币价值的方式抢夺财富。

在采用国家货币作为国际货币的制度安排中，应确立成为国际货币的标准。符合条件的国家货币都是国际货币篮子的成员货币。这些国家货币之间是相互竞争、相互补充、相互制约、相互扶持的关系。国际经贸交流中采用双边方式选择国际货币，只有在不具备双边选择时才允许自由选择国际货币。这项原则是这种制度的核心机制。例如，如果新加坡的货币不是国际货币，新加坡和欧元区国家间进行的经贸活动只能采用欧元支付。如果新加坡的货币是国际货币，新加坡和欧元区国家间进行的经贸活动可以选择新加坡元或欧元支付。如果新加坡和马来西亚都不是国际货币提供国，那么新加坡和马来西亚只能选择国际货币篮子中的货币。这样的制度设计由商业银行监督执行不会有太大难度，同时又可以彻底解决单一使用美元导致的美元逆差问题。货币篮子中的国际货币所在国共同提供货币，共同分担货币储备，共同用于交易支付。这种交易支付方式不仅解决了国际市场的货币供应问题，还给商业银行提供了货币套利交易的空间，又能大幅降低汇率波动风险，更有助于经济发展。

一个国家选择什么作为储备和结算货币，是与这个国家的对外经济交流对象有关的。全球对外交流排名前几位的国家的货币都适合作为储备和交易的对象，但选择单一货币进行储备和交易的风险太大。采用多种国际货币相互竞争的方式，等同于各国货币具备平等地位，等同于采用双边结算而不是单一国际货币结算模式。要实现这一目标，最重要的因素还是消除霸权,建立国际性的公共支付结算系统和监管治理机构。

第二节 国际法定超主权信用货币的设计

国际货币制度如果采用发行单独的国际法定超主权信用货币的方式,就仍然需要采用主权垄断性的制度安排。这就需要成立相应的中央银行,建立统一的货币发行经营管理制度,就像在国内发行供应货币那样,在国际范围向各国发行并供应国际法定超主权信用货币。国际中央银行负责清算、结算所有成员国的交易。国际中央银行发行的国际法定超主权货币是各国货币的替代和补充,用以提供更多选择和保障。特别是在国与国之间发生战争无法直接联系时,可以为双方提供支持。

国际法定超主权信用货币的单位货币价值,其实就是各国货币的单位价值,也就是国际劳动的单位价值,或者说是国际单位劳动价值基准。根据各国汇率可以计算出当前汇率下的国际单位劳动价值基准的具体数值,再以一定时期,比如50年的数据,得出国际单位劳动价值基准的加权平均值,并将该加权平均值作为基数,该基数就是国际法定超主权信用货币的单位价值。

根据计算出的国际单位劳动价值基准的具体数值，可以确立各国货币和国际法定超主权信用货币的汇率比值。国际法定超主权信用货币的单位价值虽然是理论值，但也相当于各国货币汇率50年的加权平均指数。国际法定超主权信用货币的汇率一旦开始和各国货币进行自由交易浮动定价，市场最终会给出各国货币相对于国际法定超主权信用货币的市场定价。该定价将毫无疑问地修正美元定价。国际法定超主权信用货币将毫无疑问地取代美元成为各国货币的价值锚。美元将和其他国家货币一样相对于国际法定超主权信用货币进行定价，从而建立起中立的、不以特定国家货币为价值锚的汇率定价体系。

国际法定超主权信用货币的发行供应数量由对该货币的需求量决定。在确定国际法定超主权信用货币的汇率后，任何国家可以按照市场汇率买入、卖出国际法定超主权信用货币。国际中央银行卖出国际法定超主权信用货币时，就是在向市场供应国际法定超主权信用货币。市场有多大需求就供应多少国际法定超主权信用货币。随着各国的货币储备逐步转移到国际法定超主权信用货币上来，市场也在平稳转换中过渡。这种设计相当于多轨并行，偏好使用国家货币作为国际货币的国家仍然可以使用人民币、美元、欧元等国家货币。该制度等于给国家货币添加了一个公共价值标准，并给予国际货币多种选择的可能性。至于相应的信贷融资和利率都与以国家货币为国际货币时类似。

这种方式的核心是，每当有国家从国际中央银行买入国际法定超主权信用货币后，国际中央银行可以随后在市场中抛售，或者以信贷方式发放该货币的贷款，或者存入某银行获取利息收益，或者购买基于该货币的债券。通过这种方式，国际中央银行最终将建立起同各种货币进行交易的统一市场。因为小国和弱国的货币不能交易，所以最终会形成十种左右的货币和资产交易市场，形成以国际中央银行为核心的交易体制，形成以国际法定超主权信用货币为定价基准的货币汇率形成机制。

这种方式的基本原则是，国际中央银行是不以营利为目的的服务性银行，其创建宗旨是服务于各国的中央银行。因此，国际中央银行货币交易的核心在于协助定价。国家卖出本币，买入国际法定超主权信用货币，是因为有套利空间。国际中央银行不论以何种方式销售该货币，都是在轧平该套利空间。在这笔交易最后出现亏损时，国际中央银行就买入债券、票据等资产。在这笔交易最后出现盈利时，国际中央银行就向市场抛售该货币。从长期来看，在这样的交易模式中，国际法定超主权信用货币的资产负债表总会归于平衡，国际中央银行经营各国货币产生的亏损和盈利总会相抵。国际中央银行总是在市场中发挥抵消力量，用以平衡市场的起伏波动。

　　除了这种以交易定价的货币供应方式，还可以设计另一种以单位货币价值为核心的货币供应方式。将国际法定超主权信用货币的单位价值作为货币供应增减的观察指标，在允许的价值浮动范围内不进行操作，在超出价值浮动范围后才进行操作。这种方式在国际法定超主权货币贬值或升值时都可以向市场供应货币或票据债券。由于国际法定超主权信用货币的单位价值由各国货币价值的权重构成，国际法定超主权信用货币的贬值意味着有些权重货币在升值，此时可以向权重出现升值的货币国家出售票据债券，也可以从权重出现贬值的货币国家买入票据债券。这样操作的目的是使作为标准的单位货币价值维持在均衡的区间内。只要国际法定超主权信用货币的单位价值维持在均衡的区间，各国货币价值就能维持在相对均衡的比价区间。只要各国货币价值维持在相对均衡的比价区间，各国的经济发展就能维持在相对均衡的状态上。只要各国的经济发展维持在相对均衡的状态上，各国的货币供应和经济就能维持在适度的水平上。只要各国的货币供应和经济维持在适度的水平上，国际法定超主权信用货币的单位价值就能维持在均衡的波动区间内。

这种以单位货币价值为对象的操作方式同时需要货币供应操作的辅助。在为保持单位货币价值进行操作的同时，需要关注并设定货币供应的区间范围。如果为了单位货币价值保持在均衡区间导致货币供应超量，那么这也是不均衡。同样的道理，以货币供应为操作对象时也需要同时关注单位货币价值所在的区间。两者都处于均衡时，还应回到货币和经济的关系，并关注货币体系和经济体系整体之间的均衡，只有这样才算圆满。

当单独发行的国际货币和国家货币并存时，由于国际货币没有直接对应的经济体作为支撑，而国家货币对应本国经济，所以在法定信用货币制度下，国际货币实际上很容易被架空，其价值来源和货币供应基础都将成问题，因此这种制度设计的核心是各国汇率的加权平均值，这也是确保超主权法定信用货币无可替代的关键。另一个需要注意的事项是，以前以美元为主的体系因为美元强势导致价值扭曲严重，各国货币的汇率相差很大，一单位美元在有些国家具有远超其价值的购买力。随着全球化的发展，各国货币的汇率差异降低，波动幅度减小，被扭曲的货币价值也会随之恢复常态。

第三节　国际收支平衡模式的国际货币制度设计

由于输出的本币是本国的债务，输入的外币是本国的债权，所以从国际收支平衡的角度来看，如果所有国家都能追求国际收支平衡的状态，所有国家向外部输出的就是积极因素，所有国家在共同创建积极环境的同时，也能享受到国际环境的助力。如果以国际收支平衡作为国内制定货币政策和经济政策的目标，就可以建立基于国际收支平衡的国际货币制度。

在这种制度设计中，可以设定国际收支平衡的浮动范围，比如各国GDP的百分之几。在这个范围内分出几个等级，每个等级对应不同的货币政策，比如达到某个等级就加息，达到某个等级就紧缩信贷。货币政策以被动反应为主，以主动调节为辅。在这样的制度设计中，发达国家和发展中国家可以适用不同的百分比，同时货币政策应定期检审修正，以实现各国国际收支平衡的总目标。

以国际收支平衡为目标的制度设计首先将货币政策和经济发展结合在一起，采用被动方式管理可以避免政府过多干预刺激经济。由于各国都以国际收支平衡为目标，所以国内政策就是国际的，汇率接近于联系汇率，国际收支结余的额外影响不大，并能减少汇率波动，各国共享价格稳定和货币供应稳定，是各种制度设计中最稳定的方式。

在这种制度中，外汇储备是自然形成的，只有当货币强势时才会被留作储备等待升值，这样的制度是良币驱逐劣币的制度。采用某种货币的本质是购买该货币，这样货币需求可以真实地反映在日常交易中，而不必采用投机方式定价，因此也可以消除货币投机定价造成的负面影响。

在以国际收支平衡为目标的国际货币制度中，由于汇率的重要性大幅降低，因此不会经常出现攻击货币汇率的现象。这种制度的核心是各国货币都参与交易，小国加入共同货币区后使用共同货币而不是本币。国际收支平衡作为货币价值锚的均衡点用以调节汇率和经贸活动，汇率围绕国际收支结余波动。各国需要外汇时自由交易而不是以外汇储备进行交易。

在以国际收支平衡为目标的国际货币制度中，如果某国增加本币货币供应，那么增加的货币供应造成物价上涨后必然影响进出口贸易，由此压低汇率抵消出口价格上涨，从而导致贸易支出核算的总金额降低，出现流入增加、流出减少的情况。按照国际收支平衡的原则，此时增加货币供应的国家需要以本币购买外币，同时输出本币来实现收支平衡。也就是说，实业无法平衡的国际收支可以从投资层面平衡。这种制度的配套原则是参与国的国内项目优先用于货币区内的经济发展，优先支持区内国家发展。这样的模式让实体经济、投资、资本市场、公共项目和基础设施等领域都参与国际收支平衡，从而实现社会全面发展。实体经济竞争力不强的国家在这种货币区中可以靠国内的基础设施项目吸引投资，换取贸易和实业的发展机会，从而彻底改变西方跨国公司攫取资源后跑路的资本主义赚钱方式，发挥出投资的社会性和公共性效应。

国际收支平衡的本质是不能借助法定信用货币的漏洞以货币形式欠债，特别是过度举债的国家将不能举债，迫使其回归劳动创造价值。所以国际收支平衡是各国对本币负责的国际原则，即使不以国际收支平衡为原则建立国际货币制度，这种原则也应体现在国际货币制度中。

第四节　各种货币制度都需要遵循的货币供应和货币价值调节方式

在法定信用货币制度中，除非改变货币制度，否则无论是国家货币还是共同货币，又或者是国际法定超主权信用货币，都需要保持货币金融和经济体之间的和谐关系，都需要保持一定程度的货币供应增长率以助力经济增长。这两条原则合在一起就是调节好货币供应数量、单位价值与经济发展间的关系。

不论是国家的中央银行、货币区的中央银行，还是国际中央银行，在法定信用货币制度中都处于特殊地位，都扮演特殊角色，都承担特殊职责，不能像美联储那样私有化。中央银行集中的商业银行存款准备金可能用于购买商业银行票据或发放贷款给商业银行，所以中央银行怎么操作，怎么建构其资产负债表都是关乎国家和社会的大问题。财政结余资金不应被强行花掉，划拨给中央银行用于充实中央银行资本金有助于货币金融和经济体的健康稳定。这些资本金既可以增强中央银行购买商业银行债务的能力和中央银行回收货币的能力，从而提高调控经济的能力，也可以用于弥补中央银行支付利息差价的损失，总之，中央银行不能以营利为目的进行各种操作。

上述国际货币制度都是围绕这种原则设计的，货币和经济的关系是体现这种原则的公式，法定信用货币制度也是体现这种原则的制度。此节仅做强调总结，不再具体分析。

第五节 未来的货币制度

一、未来的货币形式

货币从羽毛、贝壳到贵金属的过程，反映了经济从萌芽到普及与专业化的过程。货币从实物货币形式发展到凭证货币形式甚至数字形式的过程，反映了经济从实体层面延伸到金融虚拟层面的过程。如果说实体经济是现实范畴的劳动生产，那虚拟金融就是思想认识层面的博弈。博弈的意思就是征战，就是争夺，金融业的独立发展及其凌驾于实体经济之上的方式都是征战的结果。未来，货币形式将有怎样的发展？数字货币给出了一条技术型的发展路径。如果货币形式和货币制度总是被人类的欲望牵着走，下一种货币形式无论是怎样的，都只是满足人类欲望的工具。

从目前的货币形式来看，将数字虚拟货币在记账等方面的优势应用到法定信用货币中，法定信用货币借鉴数字虚拟货币的优势完善自身是提升法定信用货币功能的可行做法。将账户和数字钱包结合起来强化记账统计核算功能，不仅不会改变金字塔式的货币发行模式，反而会强化中央银行的中心化模式，法定信用货币由此可以适用于数字支付，不必发行单独的数字虚拟货币。这是渐进地完善法定信用货币的改革模式。

以前的法定信用货币突出纸质的形式，未来的法定信用货币将以突出账户形式为主。账户是未来很重要的发展方向，账户不仅可以体现记账、统计、核算功能，还可以延伸至网络应用和税收征缴，甚至可以延伸至劳动货币形式。随着技术的发展，账户在平台方面的应用是有很大潜力的。

二、未来货币价值的演化趋势

货币价值最初是实物化的，货币制度发展到法定信用货币制度后，价值实现信用化，法定信用货币就是信用价值的代表。数字货币是信用价值进一步虚拟化的发展方向，要不要沿着这条道路走下去是人类必须做出的选择。这种货币价值的演化趋势反映出价值的持续弱化倾向，由此呈现出未来货币价值的三条发展道路：一是回到实物价值的道路；二是在信用价值的基础上坚持信用价值稳定、确定、持久原则优先的发展道路；三是接受货币价值，注重交易支付等其他货币功能的道路。不论选择哪条道路，都关乎人类未来社会的形态和发展方式。

法定信用货币的价值由法律赋予，垄断性、排他地位确保法币价值有效。这种价值完全源自国家信用，法定信用货币实际上把经典货币制度中货币的内在价值延伸到信用层面，将国家信用和保障作为价值使用。法定信用货币的价值建立在国家法律制度和政府的信用基础上，如果从这个角度来看，那么可以认为比特币的价值也属于信用价值。比特币和法定信用货币都没有内在价值，都是按照某种方式创造出来的信用价值。从创造方式来看，数字货币是通过电脑用算法得到的，法定信用货币是政府通过法律规定确立的。法定信用货币有政府和货币制度的保障，比特币由算法确保货币供应数量来保障价值。如果人们坐在电脑前通过挖矿拿到比特币就能支付房租和用于日常开支，那么还有谁愿意盖房子或种植粮食呢？如果沿着实物价值被虚拟数字边缘化、实物价值的创造者与供应者被贬低这样的道路走下去，以后怕是真要进入画饼充饥的时代了。所以关于实物价值、信用价值、虚拟价值的采用，将直接关系到人类的未来。

三、未来的交易支付功能

从货币的交易支付功能来看，若一般等价物具备价值且价值稳定持久，则都可能成为货币。货币不一定必须是实物，也不一定必须是纸币。只要一般等价物具备货币功能，符合货币制度的要求，政府授权，民众愿意接受，就可以成为货币。确定性的收入来源、信用或债权、各种具备法律效力的金融凭证甚至借据债权，都可以作为交易时的支付工具使用。比特币是只被民众接受，但未被政府承认的货币形式。工厂的饭票作为"代币"在厂内能够作为货币流通，航空里程积分在兑换商城直接购物，这些支付工具都满足具备一定价值、具备接受性的货币基本功能要求，因而可以用于支付。从目前的货币制度要求来看，垄断性和主权性还是必须坚持的。因此只有法律确立、政府承认的货币才是法定的货币，才受法律保护，其他形式的即使具备货币功能也不能作为货币使用。从这个角度来看，如果政府授权、制度允许，未来就可以基于交易支付功能发展出各种形式的货币，就像人类曾经采用羽毛、贝壳作为货币那样，未来基于交易支付功能的货币可能不再受形式的限制。

四、未来的货币制度

未来的货币制度是介于金字塔结构和扁平结构之间的一种货币制度。最佳的选择当然是博采众长的中庸之道，但社会是否接受并适应这种兼而有之的货币制度并不确定，人类近几百年在西方科学的引导下习惯于非黑即白、非左即右的思维方式，能不能重新拾起中庸之道还需要拭目以待。

金字塔结构的货币制度是目前采用的中央银行、商业银行、储户构成的梯级制度。货币范畴的梯级结构对应经济体的政府事业单位、企业公司、个人家庭梯级结构。在货币范畴的金字塔梯级结构中，中央银行负责发行管理货币，商业银行负责供应和经营货币，储户负责使用货币。中央银行发行的货币就是储户拥有的货币。商业银行经营的就是储户的货币及其劳动价值剩余，商业银行供应的货币就是通过各种信用方式创造的预支、透支价值。在中央银行、商业银行、储户构成的梯级结构中，每个梯级都是一个固化的阶层。每个阶层都拥有相应的权利，承担该阶层的责任和义务。所以不能单纯地以好坏对错来看待这种垄断性的特权，更不应单纯地以好坏对错来看待金字塔结构，而是应从是否尽职尽责的角度来评估其效用。中央银行如果能尽职尽责地管理好货币和商业银行，储户的权益在金字塔结构中就能得到很好的保障。在这种情况下，中央银行具有的封闭性和垄断性，商业银行具有的特权和垄断业务就成为保护国家和社会财富的有力工具，这样的垄断封闭也就发挥出了积极的作用，与此同时，也可以做出有益于国家和人民的功绩。如果中央银行本着赚钱的目的大力推行信用和债务扩张，商业银行以民主自由为诱饵推广举债纵容消费，那么即使这样的货币制度建立在公开、公平、公正的法治基础上也不能发挥其作用。这样的公开、公平、公正的法律规则往往是由那些心怀叵测的人利用知识不对等建立的，这样的公开、公平、公正的法律也就成为宽泛的形式，并不能发挥真正的保护功能。以上的分析是针对近几年来用数字货币制度替代现有货币制度的呼声做出的议论。尽管美国滥用国际货币地位使金字塔式的货币结构遭受质疑，但不应因此否定金字塔结构的效用。

扁平结构的货币制度在最近几年因为数字货币的兴起而发展，但实际上人类在几千年的经济活动中曾采用过扁平结构的实物货币制度，黄金白银一直是全球通用的货币，全球经济曾经比现在更加一体化。人类社会只是在美国放弃金本位将货币完全信用化之后才采用了金字塔结构的货币体系，在此之前人类社会是建立在黄金白银基础上的一体化经济体。实物货币制度的弊端是跟不上人类社会的发展要求，从这个角度来看，信用货币制度的弊端是过度促进了经济的发展。从历史进步的角度来看，如果能管理好信用货币制度并能强化担保，使信用的可靠度增加，信用货币制度相对于实物货币制度的弊端就可以消除了。由此就可以在坚持法定信用货币制度的基础上产生两条不同的发展道路。一条是取消商业银行的业务，强化中央银行职能，建立扁平结构的法定信用货币体系。原本商业银行的业务都由中央银行直接承担，这样就可以在确保经济发展对货币需求的基础上实现对信用和债务的有效管理。另一条发展道路是在原有结构的基础上强化信用保障和信贷管理。探讨哪条道路更优毫无意义，探讨哪条道路最适合本国国情才有现实意义。

货币制度本质上是激励制度和分配制度。在货币制度下，只能采用合法劳动获得生活资料维持生存。要想生活得更好，只能多劳动多创造，在劳动创造中满足自己的需求。美国控制银行和金融的人发明的金融方式实际上破坏了货币制度原本和实体经济结合的激励和分配方式，赋予金融合法抢劫的权利，所以很多在实体经济中赚到钱的人在金融领域栽了大跟头。美国引领的方向是错误的。货币制度应该回归到它原本的功能上了。如果有一天人类能够摆脱欲望的束缚，科技发展使得基本物资有充足的保障，那么货币制度的激励和分配方式也可能会过时。当人类无须激励就能主动修行提升自己，精神追求取代物欲享受，科技应用适度时，货币发行供应权利就不必非得是中央银行垄断的特权了，个人就可以发行货币。

第七章 对黄金引入法定信用货币制度的探讨

第七章 对黄金引入法定信用货币制度的探讨

第一节 黄金货币史简介

一、黄金曾经作为货币的历史原因

在货币诞生后的很长历史时期，货币价值都采用实物价值形式，黄金价值是其中最符合货币功能要求的实物价值形式，符合当时历史条件下经济发展对货币提出的要求，因而成为历史上最主要的实物货币。

黄金理化性质稳定，耐储存，不易变质，易分割，便于携带，不会出现性质改变等价值损失问题，在各种价值载体中最符合交易支付媒介的标准。黄金资源稀缺，开采不易，作为货币使用能够确保货币价值长期稳定，与此同时，货币供应受控符合政府管理货币、维护市场秩序的要求，因此最适合作为当时的货币使用。

历史上，人类也曾经将贝壳、牲畜、宝石等作为货币，但都因为这些实物的自身性质不适合而放弃。经过长期的实践检验，黄金是实物货币的最佳选择，符合货币对交易结算、债务偿付、价值储备等功能的要求，满足各种地域环境的交易特点，所以能够使社会大众普遍接受。黄金也是历史上最主要的实物货币，实物货币制度主要就是以黄金为代表的黄金实物货币制度。

二、黄金被社会发展抛弃的现实原因

法定信用货币制度能够替代金本位,信用价值能够替代实物价值,是经济发展、交易水平提高的结果,也是货币理论进步的结果。选择黄金作为货币的时代,是因为黄金符合当时经济发展的需要。黄金之所以被社会发展抛弃,是因为黄金已经不再符合经济发展对货币提出的新要求了。

社会发展进入工业社会后,生产力大幅提高,货币价值被大量创造出来,这就要求货币数量增长和经济发展保持同步,满足劳动价值储备的要求。黄金产量稀缺,货币供应受限于资源开采,难以满足经济发展对货币数量增加的要求。此时的黄金已经成为制约经济发展的因素,这是黄金被社会发展抛弃的主要原因。

黄金是小农经济时期的货币,并不适合工业社会的交易支付要求。黄金的自然属性虽然稳定可靠,但缺乏灵活性,不能顺应经济和社会发展做出改变。黄金在计价上采用重量的计量方式,不适合频繁交易和规模交易。工业交易规模庞大,资金往来频繁,支付结算涉及地域广泛,黄金实物携带不方便,计量不准确,不适合大宗交易和异地交易等缺点在工业发展中暴露无遗。再加上黄金供应受限于资源开采,货币数量的增加无法和经济增长同步,黄金继续作为货币将严重阻碍经济发展和社会进步。相比较而言，纸币计价方式统一，携带方便，供应可控，适合工业化发展对货币的要求。黄金退出货币的历史舞台是经济发展的必然结果。

三、重启黄金货币的呼声

在法定信用货币的应用过程中，始终伴随着重启黄金货币，甚至退回金本位制度的呼声。这些呼声的产生，源于法定信用货币本身存在的制度缺陷。解决法定信用货币的制度缺陷问题，有两条道路可供选择：一条道路是退回金本位制度或者重启黄金作为法定货币，另一条道路是完善法定信用货币制度。第一条道路选择倒退的方式应对当前出现的货币金融问题，这种做法显然不符合历史发展的趋势，不应被采纳。第二条道路选择完善现有法定信用货币制度的方式，顺应社会发展趋势，符合当前的现实条件。

第二节　法定信用货币制度引入黄金的可行性分析

一、法定信用货币制度引入黄金的理由

法定信用货币的信用价值不确定、不稳定，常常随国内经济、政治、社会和国际因素波动。货币政策和货币供应都会对货币价值产生直接影响，造成币值周期性大幅波动。在国内货币制度中引入黄金，黄金作为货币价值的构

成部分，能够起到价值锚的作用，增强法定信用货币价值的稳定性，约束信用债务过度扩张。

在国际范畴中，各国货币同台竞争需要公认的价值锚作为信用价值的核心基础，起到约束各国货币的波动区间、确定各国货币价值的作用。将黄金引入法定信用货币制度，在国际层面能够起到国际价值锚的作用，解决汇率定价机制中双边比较定价不准确的问题。

法定信用货币价值不能完全依靠信用，也不应完全排斥实物价值。法定信用货币价值的构成应有实物价值。黄金作为传统的实物货币，是实物价值最杰出的代表。法定信用货币制度引入黄金，由黄金承担信用价值完善补充角色顺理成章。

将黄金引入法定信用货币制度，由黄金给各国货币提供外部价值参照和外在约束，改变了原本由货币内在信用决定货币价值的单一价值来源，改变了单纯依靠内在货币制度进行约束规范的方式，从外部提供了公开的货币价值参照，起到完善货币制度、强化治理机制的作用。特别是黄金具备的独立性和国际性特点，使黄金能够中立地反映现实情况，对政府干预货币的行为形成制约。

各国货币是国家内部货币，货币制度是国内制度，不是国际货币制度。在当前没有统一国际货币制度的情况下，国际经济交流不得不使用国家货币完成国际收入和支付。作为国际货币的国家货币，也因此拥有特殊地位。国际货币的提供国，能够利用国际货币地位影响他国货币价值，侵占他国利益，危害他国经济。将黄金引入法定信用货币制度后，特别是在全球普及这种制度后，能够为国际市场提供统一的价值参照，完善各国货币的价值构成，提升汇率稳定程度，增加被恶意攻击的难度。

二、引入黄金的适用范围

将黄金引入法定信用货币制度作为法定信用货币的辅助和完善手段，黄金数量和法定信用货币的数量匹配程度成为关键。黄金数量不足的国家，不适合引入黄金；经济实力较弱的国家，也不适合引入黄金。

本国货币有意成为国际货币的国家，适合将黄金引入法定信用货币制度。引入黄金可以确立价值投资的理念，可以完善货币的价值构成，可以通过黄金增加中央银行的调控工具，丰富中央银行的货币金融治理方式，从而可以更好地经营和治理社会流动性，这对于经济的健康发展是非常有帮助的。

三、法定信用货币制度中引入黄金的目的

在法定信用货币制度中引入黄金的目的是解决现有制度缺陷，完善法定信用货币制度建设，是回归价值货币改

变债务货币当道的现状,是探索开辟国际货币制度新道路。黄金也许只是实现目标的权宜之计,如果法定信用货币制度能得到完善,那么不引入黄金也没有问题。引入黄金的货币制度改革方向是正确的,采用债务货币是没有未来的。引入黄金的过程中如果遇到困难,应坚持价值货币的发展道路,不能重走债务货币的老路。对于国际货币而言,货币一体化是必然趋势,树立价值货币的权威,建立国际货币价值锚,是国际货币一体化发展的必然。

四、黄金在法定信用货币制度中的作用

将黄金引入法定信用货币制度,黄金能在法定信用货币制度中发挥货币价值的补充作用,发挥国内价值的参照标准作用,发挥汇率的定价标准作用,作为投资标的同时发挥流动性治理的作用。

黄金引入法定信用货币制度将发挥货币价值补充作用,原本的纯粹信用价值在引入黄金后将得到充实。黄金价值作为货币信用价值的一部分,法定信用货币的价值将由此变为由国家信用、经济实力、黄金和外汇储备共同构成。黄金引入法定信用货币制度提升了信用价值的确定性和可靠性。黄金既可在平时作为法定资产和银行间的支付工具,也可作为非常时期的支付和变现工具。

将黄金引入法定信用货币制度,黄金作为货币价值、商品价值和资产价值的共同参照标准,为价值评估、定价提供统一标准。黄金不受操控,具有独立性,其实物属性可以起到价格指数的参照作用,用以衡量货币供应情况。黄金作为货币价值的构成部分,也是各种货币价值的统一度量工具。黄金作为资产进行交易,黄金价格是资产价格的代表,能够反映市场流动性。将黄金引入法定信用货币制度,相当于设定不受人为影响和国家操控的外部公共性价值标准。黄金作为外部价值参照,发挥市场性约束作用,对于完善货币金融体系的治理结构有很大帮助。

将黄金引入法定信用货币制度,黄金将发挥汇率定价标准的作用。由于黄金具有独立性,不受任何国家的操纵,当黄金作为各国法定信用货币的货币价值构成部分时,黄金将成为各国货币价值衡量的统一标准。各国的黄金价格,既能反映出本国流动性的特点,还能通过汇率反映黄金在全球价格体系中的位置。黄金价格因此成为全球性的统一价值标准,发挥超主权货币的作用。由于都有黄金,因而各国货币的汇率价值受到黄金价格的影响。黄金的引入,改变了原本以国力比较的双边汇率形成机制,黄金作为外部公共标准,对弱国的货币具有稳定作用,对强国超发货币的行为具有制约作用,特别是能够降低强势货币攻击弱势货币和小国货币的冲击影响,对于维护国家安全有重要意义。

将黄金引入法定信用货币制度后，黄金市场将成为主要的投资市场，和股票、债券、基金、票据等市场并列，成为投资和流动性聚集的区域，也成为中央银行调控经济的工具。黄金的实物价值特性使得黄金市场在众多投资标的中与众不同，黄金也是避险最主要的工具之一，黄金市场因此为整个货币金融体系带来强稳定性。应用黄金的目的之一是为流动性市场提供相对稳定、低风险的投资标的，同时增强中央银行对资本市场的直接干预能力。黄金作为中央银行新增的工具，将弥补以前对流动性和金融市场干预能力弱的缺点。

实际上各国中央银行都会储备一定数量的黄金作为资产，同时也接受黄金作为中央银行之间的特别支付工具。只是由于这种安排没有上升到货币制度的层面，加上美国一再贬低打压黄金，黄金的作用始终得不到重视。在货币制度中正式引入黄金，能够恢复黄金的名誉和地位，确立黄金的合法作用，这是完善法定信用货币制度的重要举措。

五、法定信用货币制度引入黄金的结果分析

法定信用货币制度引入黄金可能有如下几种结果。

一是黄金作为实物，丰富了法定信用货币的价值构成，提升了货币价值的确定性。虽然黄金不是法定货币，只是法定资产，但其能够起到储备价值和后备支付工具的作用。

特别是中央银行接受黄金作为存款准备金后，更能起到强化法定信用货币价值保障的作用。黄金和存款准备金共同构成商业银行的支付保障，共同成为中央银行的调控工具。黄金、法定信用货币和中央银行票据都是银行资产的主要构成部分，都是一级市场的交易工具，都和最底层的社会零售消费市场共同构成梯级传导循环。法定信用货币引入黄金实物价值后，货币供应会受到约束。过度增发货币能够直接反映在黄金的市场价格中，并由此引发资产定价重新估值，对于抑制激进政策、维护货币金融纪律有积极作用。

二是黄金以其独立性和实物性成为超越国家主权限制的类货币。在主权货币制度中引入超主权货币，虽然是国际货币制度建立前的权宜办法，但也能够将各国的主权货币紧密地联系在一起，形成统一的国际货币体系。各国货币从此具有共同的价值锚，不必采用相互倾轧的零和博弈方式争夺货币价值。现有国际货币制度采用国家货币作为国际货币，美国依据本国经济情况采取的货币政策能对国际收支造成重大影响。可将黄金作为各国货币的统一价值参照，避免单方面的人为操纵贬值增值。各国货币还可以通过买卖黄金充实货币价值。由于黄金价格是全球性的，这比麦当劳的购买力平价的指标作用更加可靠。

三是黄金作为法定资产后，改变了银行原先的资产构成结构，扩大了经营范围，增加了经营品种。买卖黄金及其衍生产品会成为商业银行的主要业务。银行售出黄金相当于回收货币，买入黄金相当于提供流动性。买卖黄金作为调控货币供应量的一种方式，对市场热钱和短期流动性有很强的对冲作用。基于黄金开发的各种产品，极大地丰富了投资渠道，在满足市场流动性逐利需求的基础上，更能提高黄金市场权重，增强中央银行调控金融流动性的能力。

四是货币和金融的分隔。原本一体的货币金融体系将在引入黄金后出现边界，银行体系将因为引入黄金而具备更多基于货币的投资功能。银行体系无须混业经营，不用再参与保险、证券等投行业务，可以主要立足于价值、债务和信用的经营管理。金融体系作为货币体系的延伸市场，主要经营非货币类的价值、债务和信用产品。这种做法的好处是将货币和非货币类的价值、债务和信用产品的经营管理进行区隔，从而避免混业经营可能导致的风险。

在法定信用货币制度中引入黄金，对于中央银行、商业银行和投资者，对于货币和货币制度，对于市场和经济，都将产生多方面的、极其重大深远的影响。货币金融行业的从业者能够结合自身的工作，看到由此带来的改变，本章不再详述。

六、将黄金引入法定信用货币制度的风险

黄金作为实物价值没有债务那样的违约风险，更不存在标的大幅贬值甚至完全丧失价值的风险。黄金的风险主要来自价格和交易。

黄金供应数量有限加上其实物价值可靠，可能成为长期稳定投资的首选品种，黄金价格也有可能上涨到前所未有的高度。在这种情况下，黄金价格在区间价位出现暴涨暴跌对于使用保证金交易的产品来说风险很大。

黄金作为实物价值，在生息的前提下，是稳健投资的首选标的。加上法定信用货币的通胀特性，可能导致民间投资长期大量持有黄金，市场黄金供应逐步减少，黄金从而失去调控工具的职能。

黄金的风险还来自黄金衍生产品的开发和信用应用。开发出更多的基于黄金的投资产品固然能够扩大市场规模，完善价格形成机制，降低市场波动率，但黄金产品的开发始终面临黄金供应短缺的现实，市场规模过大必然和黄金供应难以匹配，这是黄金的硬伤，也是所有黄金交易问题的根源。黄金市场建设和品种开发应始终坚持和黄金拥有量对应的原则。审慎开发黄金衍生产品，审慎扩张黄金信用应用，是逐步完善黄金市场建设的关键。

将黄金引入法定信用货币制度的前提是国家具备一定

数量的黄金储备,且国家的经济实力较强。黄金数量不足的国家,可能导致黄金价格暴涨暴跌,反而对经济造成不良影响。经济实力较弱的国家,黄金流出的可能性较大,采用黄金制度会给外汇投机者提供更多的操作工具,也不适合引入黄金。

七、黄金为何被美元嫌弃

法定信用货币的供应不断增加,货币本身的价值储备功能实际上转移到了金融投资领域,主要通过持有生息类资产实现保值。民众将闲置货币用于投资,抵消货币购买力下降的风险,成为法定信用货币保值的特有方式。在这种经济模式下,黄金无法生息的缺点导致黄金投资规模逐步缩减。特别是在加息周期中,黄金不能生息且价格下跌的保值劣势很明显,这是黄金被市场冷落的原因之一。虽然加息周期利空黄金,但降息周期利好黄金。黄金也是通胀的天然对手。特别是在法定信用货币供应不断增长的情况下,黄金的保值性其实很强。所以黄金不能生息只是托词,造成黄金被市场抛弃的主要原因是美国主导金融投资市场,美元嫌弃黄金。

美国一直都否定黄金的作用。美国的经济学家也不断普及黄金无用论。一个原因是黄金不能生息,但最主要的原因是黄金是美元在国际货币体系中最大的竞争对手。黄金并非不能生息，只要将黄金作为货币就可以使黄金生息，美国反对应用黄金的理论依据并不成立。黄金，独立不受政府干预，是法定信用货币的照妖镜。过度增发货币将导致黄金价格上涨，市场很容易发现货币价值被窃取。黄金作为传统货币的领导力从没有减弱，黄金价格的大幅上涨总能引发整体性的通胀。美元作为国际货币，债务规模庞大，最怕黄金价格上涨暴露美元的外强中干。因此美元总要保持强势，通过打压黄金维护其国际地位。黄金一旦被应用，美元债务将暴露无遗。美元内在价值空洞化的问题会使美元丧失国际储备货币的功能。国际价值储备需求也会抛弃美元采用更有价值的货币或黄金。黄金作为国际价值储备资产被广泛使用，必然导致美元的分流，导致美元贬值和需求降低，进而把美元债务问题推上风口浪尖。所以，美国反对一切能够替代美元国际地位的做法。美国打压黄金，就像美国当初极力阻止欧元一样，都是为美国利益服务的做法。

第三节 将黄金引入法定信用货币制度的理论原理

在金本位货币制度中，黄金作为货币准备发行代金券货币，黄金兑换率是法定的黄金和代金券的兑换比率，该关系用公式表示为：

货币总价值＝黄金总数量×黄金兑换率＝代金券总价值

在这个发行供应模式中，黄金兑换率由官方制定，官方担保承兑信用，黄金兑换率稳定不变。黄金兑换率相当于按照兑换率放大黄金供应量，代金券总价值由黄金总数量决定，货币供应总量因此比完全采用黄金实物有很大提高。

如果将黄金兑换率改换为黄金价格，货币总价值将随黄金价格变化浮动，黄金数量随开采数量增加稳定增长。这就是将黄金引入法定信用货币制度的理论原理，用公式表示为：

黄金总价值＝黄金总数量×黄金价格＝相应货币总价值

将黄金引入法定信用货币制度后，黄金总价值是吸引参与黄金投资的货币总价值，货币总流动性中将有一部分被黄金市场分担。

将黄金引入法定信用货币制度后，黄金价格是通过黄金市场反映的货币流动性强弱指标，虽然不能完全代表流动性总量，但能反映部分流动性的市场特点。

黄金价格涨跌幅度由货币流动性的宽松紧张程度决定，在实际交易中很容易根据实际流入黄金市场的流动性总量计算出黄金价格的上下限，黄金价格通常在上下限范围内波动。

黄金价格上涨，市场规模扩大。市场规模越大，对储蓄市场的分流就越大。只要黄金能够作为存款准备金缴存，原先的货币市场就将分为黄金市场和储蓄市场，两个市场对利率的反应不同，是相互作用而又同体的市场。

黄金价格超越理论上下限，通常是流动性增减所致，此时需要检讨流动性管理和债务货币供应情况。在持续发展的经济体中，上下限价格范围是倾斜上移的斜率，斜率通常和经济增速紧密相关。

中央银行进行黄金买卖操作的位置通常在接近黄金价格上下限的区域。中央银行货币政策操作亦可借鉴黄金价格上下限数据进行决策。黄金价格上下限与黄金市场的流动性总量息息相关，是中央银行观察货币供应的有效窗口。

黄金价格过高时，中央银行和商业银行应向市场投放实物黄金，通过增加黄金数量的方式对冲流动性。黄金价格过低时，应进行收购。黄金供应数量作为调控工具时，应谨慎使用。一般而言，保持市场黄金数量稳定能够更好地产生金融数据，因此应尽量避免动用数量工具。

第四节　法定信用货币制度引入黄金的制度安排和设计

解决法定信用货币制度的缺陷，只能走完善法定信用货币制度的道路，不能走退回金本位的道路。弥补法定信用货币制度缺陷的方式多种多样，本章仅阐述将黄金引入法定信用货币制度弥补法定信用货币制度缺陷的制度安排。

一、黄金在法定信用货币制度中的位置

在法定信用货币制度中，黄金不能作为市场交易货币使用，也不能参与社会流通支付，因此要重启黄金的货币价值作用，黄金在法定信用货币制度中所处的位置显然只能属于中央银行和商业银行的法定资产。黄金即使用于支付，也只限于中央银行和商业银行之间，以资产形式作为类货币使用。只要在法定信用货币制度中确立黄金的法定资产地位，并对如何使用做出制度安排，黄金就可以顺利地融入法定信用货币制度中，成为和票据一样具备类货币功能的法定资产，顺利成为法定信用货币制度中的成员。

二、黄金的流通方式

作为法定资产的黄金，流通时采用凭证形式，由中央银行结算机构负责结算，只在商业银行和中央银行之间流通。中央银行负责黄金储备和实物供应，银行流通的黄金凭证作为银行间货币资产流通，一般不涉及实物交割。

民间储户持有的黄金，流通时可以采用实物形式，也可以采用凭证形式。凭证形式的纸黄金由中央银行授权，由商业银行专营，通过银行账户买卖，其他机构未经授权不能经营纸黄金业务。

实物黄金通过特定的黄金交易市场和零售商店进行交易，交易标的是商业银行或黄金生产企业提供的符合中央银行要求的标准产品。中央银行和商业银行构成黄金交易的一级交易批发市场，企业和其他商业机构构成二级交易批发市场，零售市场作为三级市场，共同形成黄金定价。

中央银行可以向商业银行或者黄金专营单位买卖实物黄金，也可以通过商业银行或黄金专营单位向民间市场买卖实物黄金。

黄金流通的形式以凭证式为主，实物为辅。实物黄金是凭证黄金的基础。

黄金的价格由市场交易确定，通过和法定信用货币的交易互换完成流通转让。黄金价格因此起到调节货币数量的作用。

中央银行可以选择为黄金付息或者不付息。商业银行对黄金的经营行为是商业行为。商业银行可以根据中央银行要求决定是否对黄金付息。

黄金及其衍生产品的持有、交易、转让都在特定的黄金专户中完成。商业银行为黄金付息的做法，相当于黄金在商业银行的储蓄，可以参照货币储蓄，发展出即期、中期、远期的黄金信用、信贷、抵押等产品。

三、黄金在法定信用货币制度中的应用方式

将黄金作为银行自由选择配置的法定资产，或者将黄金作为必须配置的法定资产，是法定信用货币制度引入黄金的关键。中央银行接受商业银行将黄金作为存款准备金缴付，中央银行接受黄金作为银行间的交易支付工具，用于银行之间的清偿支付，都是黄金在法定信用货币制度中可行的应用方式。实现黄金在法定信用货币制度中的应用，主要方式是黄金使用凭证化和黄金成为中央结算体系中的支付结算工具。在现有的货币国内结算和国际结算体系中加入黄金结算，就可以实现在法定信用货币制度下，黄金在银行体系中的流通。作为支付工具的黄金，以凭证形式交易，以中央储备方式存放，黄金实物不参与交易、支付、结算，交易、支付、结算黄金凭证需要实物时凭黄金凭证从交割库中提取实物。这样的应用设计可以避开黄金实物交易不便的缺陷，很容易实现黄金在银行间的自由流通。

黄金在法定信用货币制度中的应用具体来说可以采取如下方式：

1. 作为银行间的清偿支付工具

黄金供应量稀少，不适合作为社会性的交易支付工具。黄金只能作为银行的法定资产，兼具支付功能，用于银行间的清偿支付。从这个角度来看，黄金和中央银行票据的

作用类似，只是形式有所不同。

商业银行使用黄金作为银行间清偿支付工具时，黄金和法定货币具有同等效力，商业银行不得选择性接收或拒收，支付的金额参照市场价计算出法定价格。

黄金作为银行间的清偿支付工具，是通胀程度的领先指标。由于任何银行都不能拒收黄金，如果付款方判断未来黄金将贬值，使用黄金支付就比使用货币支付更有利。接受黄金的一方因为收到多余的黄金，可能在市场中抛售或者也用于支付进而转手，一级市场和二级市场的黄金供应因此增加，并会传导给零售市场，从而影响市场定价。反之，如果付款方判断未来黄金将升值，那么保留黄金用于存款准备金缴存更有利可图。商业银行运用黄金的策略，将直接影响黄金定价和黄金供应，影响市场的流动性。黄金作为银行间的清偿支付工具，由此也衍生出更多的功能。

2.作为价值储备工具

黄金作为价值储备工具也就是作为投资标的，发挥类似股票、证券、地产等资产的保值增值功能。黄金作为法定资产，特别是作为实物价值，可以发展出短期、中期、长期等类似债券的投资产品，也可以发展出期货、期权等保证金交易产品，还可以发展出纸黄金等凭证投资标的。得益于黄金自身的特点，能够开发出不同类别的金融产品，形成围绕黄金的大范围投资标的。这种局面将极大丰富可靠投资标的的品种，使投资者在债务标的和价值标的之间有选择的余地。商业银行可以更加专注于主业，不必因为盈利和竞争压力采取混业经营。黄金市场的扩大，不仅吸纳了大量的热钱和过剩流动性，也使中央银行能够直接通过和商业银行的黄金买卖调控市场流动性，增强了货币政策精准调控流动性的能力。

3.作为流动性调控工具

中央银行和商业银行买卖黄金的行为，实际上是采用市场机制调节货币供应的行为。银行卖出黄金收取货币是从市场中回收流动性，银行买入黄金支付货币是向市场提供流动性，中央银行因此多了一个调控货币供应的工具，而且这个调控工具还是特别针对市场热钱和投资流动性的调控工具。

具体来说，银行购入黄金的行为将释放货币，稳定或推高黄金价格，社会流动性也会因此增加，相当于放宽货币供应。在经济低迷时期，商业银行和中央银行购入黄金能够改善经济单位的资产负债表，对于经济复苏产生直接利好的影响。

银行卖出黄金的行为将回收货币，压低黄金价格，社会流动性也会因此降低，相当于紧缩货币供应。由于黄金操作主要针对投资资金,在热钱充沛、流动性过剩时,投放中央银行和商业银行的储备黄金,能够迅速使投机市场降温,其操作效果比利率更直接有效。由于黄金和货币利率是相反的关系或者竞争关系,货币和黄金构成调控工具双组合,可以适用于大多数政策目标。

引入黄金作为法定资产后,中央银行的政策工具将增至到三种:货币形式的政策工具、票据形式的政策工具和黄金形式的政策工具。三种工具的特点不同,针对的范围也不同,相互之间可以协同也可以制约,构成一个相互影响的复杂模式,比原先的两种工具更具操作的可能性和选择性。

4.作为市场交易投资标的

中央银行和商业银行构成黄金交易的一级市场,这个市场主要用于中央银行调控黄金和货币供应。企业和其他商业机构构成二级交易批发市场,这个市场主要用于法定投资黄金及其衍生产品的大宗交易。零售市场作为三级市场,既交易法定投资黄金,也交易黄金首饰材料。

各级市场交易的黄金包括符合中央银行规定的标准实物黄金、纸黄金、由交易所提供的标准标的,以及黄金原材料等。

商业银行参与二级市场交易,是最主要的供应商之一。

商业银行的黄金买卖行为分为政策行为和商业行为两类：依据中央银行政策安排开展的黄金购入或卖出行为属于政策行为；依据自有黄金进行的买卖属于商业行为。

商业银行为黄金储蓄支付利息的行为分为政策行为和商业行为两类：依据中央银行政策安排开展的黄金付息行为属于政策行为；自行安排的付息行为属于商业行为。商业银行的自行付息利率需在中央银行规定的范围内。

黄金作为市场上主要的交易投资标的，通过引入货币制度成为货币体系中的投资产品，和信贷业务一起构成商业银行的主营业务，从而和市场型的金融投资产品进行区隔，为商业银行确保分业经营、防控货币风险创造了条件。这也为中央银行开展和商业银行之间的货币经营管理增加了工具，对于扩大货币经营、平衡金融经营有很重要的帮助。

5.作为领先指标

银行购入黄金的行为将释放货币，推高黄金价格，预示着未来将出现宽松。

银行卖出黄金的行为将回收货币，压低黄金价格，预示着未来将出现紧缩。

银行的黄金买卖行为暗示银行对未来经济走势的看法，具有领先指标的作用。银行买卖黄金的数量和价位，对于预判中央银行政策走向也有领先指标作用。结合银行对债券的操作分析，可以对当时市场状态和未来走势提供领先预判。

6. 作为法定资产

实际上各国中央银行一直都持有一定数量的黄金作为价值保障和特别支付工具，因此黄金实际上早已是中央银行的资产之一，只是之前没有在货币制度中正名。现在将黄金作为中央银行的法定资产，不仅给了黄金正式的名分，也允许商业银行将黄金作为法定资产使用。将黄金引入货币制度中，能使黄金在货币制度的范畴内合法合规地发挥作用，从而彻底改变黄金被搁置冷落的局面。

7. 作为存款准备金

中央银行根据经济情况和货币政策的安排，决定是否接受商业银行持有的黄金作为存款准备金缴存。也可以采取规定最低缴存比例，根据货币政策安排对缴存比例进行适时调整的方式，又或者商业银行在存款准备金缴存中可以自由选择使用黄金还是货币，中央银行仅规定黄金上限。

使用黄金缴存存款准备金时，按照价格乘以数量得出缴存金额。黄金价格以市场价格为基准，按照中央银行规定的方式产生缴存价格。黄金缴存比例根据各国的情况确定，存款准备金不能全部使用黄金缴存。通常根据黄金价格变化的趋势决定使用黄金的比例。缴存黄金越多,用于信贷的货币越多。黄金价格的涨跌,引导商业银行的缴存行为。

保守的方式是,原则上只允许使用货币缴存存款准备金,只在特定的时候允许使用黄金缴存。相对激进的方式是,将货币和黄金共同作为法定存款准备金:一种方式是规定黄金缴存的上下限,由商业银行自主选择采用黄金还是货币缴存存款准备金;另一种方式是只规定上限,由商业银行自主选择采用黄金还是货币缴存存款准备金。中央银行应适时调整上下限。

激进方式的优点在于,商业银行拥有更大的自主决定权,能够根据经营需要自我安排黄金和货币的使用。缺点是商业银行的经营方式可能更为冒险,对货币和黄金的运用可能更复杂,从而产生更大的风险。

在激进方式中,商业银行调节自身持有黄金的行为使商业银行成为黄金价格和供应的主导者,也是最主要的做市商。商业银行会根据未来市场走势决定如何使用黄金,其他交易者成为商业银行的对手盘。因此,中央银行将黄金作为政策工具使用的效果更好。中央银行能够通过影响商业银行的资金和成本,迫使商业银行将这种影响转嫁给市场,从而达到影响市场行为的目的。

黄金作为存款准备金时，对储户没有影响。储户的账户中仍然是黄金和货币。黄金作为储户的投资品，货币作为储户的支付工具，储户可以选择将货币资金投入黄金、债券、股票市场。黄金成为存款准备金对储户的影响主要是市场价格改变产生的影响。

对于商业银行来说，黄金作为存款准备金则会产生很大影响。商业银行可以使用黄金缴存存款准备金，这样可以有比之前更多的货币用于贷款，同时还可以从事黄金的抵押信贷业务和黄金的买卖，丰富了商业银行的经营品种，便于分业经营。

8.作为资产用于抵押担保的信用应用

储蓄的黄金作为资产可在商业银行进行抵押借贷，黄金不能直接用于支付，只能在交易市场销售后换取货币用于支付。

商业银行运用黄金储蓄由商业银行自负盈亏。中央银行可以要求商业银行缴纳黄金准备金。黄金准备金类似于存款准备金，是商业银行开展黄金信用业务的保障。商业银行缴存的黄金准备金和存款准备金无关，需额外缴存。

是否允许商业银行采取和货币同样的方式经营黄金是需要深入论证的。如果允许采用黄金准备金应付提取，那就相当于给商业银行开辟了一个和货币经营类似的新领域。

信用和债务在黄金领域的运用余地很大，可能由此创造出巨大的信用和债务规模。

9.作为货币的价值构成

黄金作为法定资产参与法定信用货币的价值构成，丰富了信用货币的价值来源和构成方式。法定信用货币的价值将以国家信用为主，由黄金和外汇储备共同作为本币价值的一部分，参与货币定价和汇率定价。货币价值构成因此实现多元化，对于确保币值稳定和货币购买力都有重要意义。

第五节 黄金交易分析

一、黄金交易制度涉及的几个问题

法定信用货币制度引入黄金后，黄金的特殊地位会使黄金成为资产交易的主要品种。资产交易定价参照黄金价格，货币汇率定价参照黄金价格，商品价格还可以参照黄金价格，这样的局面导致黄金成为各方追逐的焦点，黄金价格可能大幅走高，因此需要设计能够真实反映市场各级经济单位供需情况的交易方式。

法定信用货币制度引入黄金后，主要利用黄金供应有限的稳定性特点，通过黄金价格发挥市场配置和调节作用。

黄金的自由市场化交易是关键，要确保减少对黄金价格的干预，防止操纵，各个交易单位要根据自身情况做出符合自身利益的选择。

黄金交易的本质和目标是要成为市场的货币配置工具，中央银行的调控工具，经济单位的获利工具。市场中的货币将黄金作为主要的配置对象，作为获取收益的资产，中央银行才能将黄金作为调控工具。生息黄金将黄金召集回归银行金融体系，市场交易为黄金流通变现获利提供渠道。黄金交易参与者的广泛程度决定市场的流动性，银行的参与程度决定市场的规模。中央银行和商业银行不能将黄金仅仅视为储备，而应将黄金视为和货币一样的经营管理工具，只有这样才能开发出黄金的交易流通潜力。黄金通过国际收支的流出流入都是暂时性的，国家经济竞争力增强后就会改观。

只有防止黄金窖藏，使黄金在货币体系中流通，黄金才能成为辅助货币的资产，用以完善法定信用货币的经营和管理。防止黄金窖藏，不仅是针对民间，更重要的是防止中央银行窖藏。当前各国中央银行持有的大量黄金均处于窖藏状态，这部分劳动价值被搁置不用，而用于危机或非常时期的国家支付保障。将黄金引入法定信用货币制度，就是要建立全球性的国际货币制度，就是要为各国货币提供制度保障，就是要在全球形成统一市场，消除货币霸权，建立货币之间的平等地位，就是要通过确立货币权利的方式保护所有国家的合法利益。因此，防止黄金窖藏，促进黄金交易的前提是建立平等、公开、公正、统一的全球货币制度。只有当这样的制度发挥作用，消除货币霸权后，黄金窖藏问题才能真正得到解决。

二、交易中的黄金价格运行特点

黄金由市场交易定价。因为供应量有限，黄金的国内价格可以反映国内货币的投放程度，黄金的国际价格可以反映全球货币的供给情况和各国货币的汇率差异。一般而言，信用扩张程度越大，货币投放越多，黄金价格越高。

黄金价格的上涨期也是通胀期，是市场存量流动性整体增加的时期，是存款准备金率逐步提高的时期，是利率逐步升高的时期。当利率升高到一定程度后，黄金价格开始逐步下降。从这个角度来看，黄金价格是利率形成机制的领先指标。

黄金价格的下跌期也是通缩期，是货币供应减少的时期，是存款准备金率降低的时期，是利率逐步降低的时期。当利率降低到一定程度后，黄金价格最先止跌，而后开始逐步回升。

黄金价格上涨，对黄金持有者而言，可以产生收益，创造货币财富，增加货币供应。黄金价格下跌，对黄金持有者而言，可能产生亏损，注销现有货币财富，减少货币供应。商业银行作为黄金储户的对手盘，向市场销售黄金可以回收市场中的流动性，从市场购买黄金可投放货币，提高市场流动性。

黄金的存款准备金缴存比例会影响黄金的市场价格和信贷业务的开展。特别是强制性缴存，会迅速打压黄金价格，抑制基于黄金开展的信贷和抵押。从缴存存款准备金的角度来看，商业银行在黄金价格上涨的趋势中会因为黄金增值而不断释放出货币，在黄金价格下跌的趋势中会因为黄金贬值而不得不追加缴款。因此从中央银行的角度来看，黄金价格上涨的通胀期也应是黄金退出期，黄金价格下跌的通缩期也应该是黄金的操作期，黄金的操作期和利率周期恰好是相反的。这一模式是商业银行操作的基本模式，也是黄金助力经济发展的基本模式。

三、交易中的黄金作为价值标准的应用

由于黄金供应数量有限，黄金在国内市场中的价格是货币总投放程度的参照指标。黄金作为商品，不像农产品那样，价格随产量波动，变化幅度很大，也不像服装那样，能够通过提高劳动效率降低成本，压低售价。黄金的内在价值始终保持稳定，因此可以作为货币供应量的观察指标，起到物价指数的作用。黄金是衡量货币供应程度的水位计，货币供应过多，黄金价格水涨船高，跟随市场平均价格水平相应提升。黄金因此成为观察通胀的参照指标。

在国际市场中，由于每种货币都有本国相应的黄金价格，同时黄金价格还有统一的国际市场价格，因此，黄金价格在国内和国际市场作为整体形成的价格体系中，必然包含货币之间的价值差异。黄金价格的差异，必然反映货币价值的差异。黄金价格作为货币价值比较的一种方式，参与货币汇率的形成。黄金因此成为观察货币汇率的参照指标。

由于国内市场和国际市场之间有税收、交易成本、贸易政策等方面的制度和渠道差异，各国的黄金价格由本国的供应和需求情况决定，是国内物价水平的反映，所以黄金价格目前并不能很好地反映货币定价的差异。随着市场壁垒的取消，市场流动顺畅度的提高，黄金在货币价值比较方面发挥的作用会越来越明显。黄金作为外在的公共性标准，改变了货币汇率的形成比较主要依靠国家间比较的模式，对于货币汇率的形成机制是很重要的补充。